JN079617

音声DL
付き

朝起きてから
夜寝るまでの

日常生活
英会話

長尾和夫　アンディ・バーガー

明日香出版社

はじめに

　本書は、読者の皆さんに好評をいただいている『365日の日常英会話フレーズブック』に続く会話集として企画されたものです。

　『365日の日常英会話フレーズブック』では1日1フレーズを365日分用意し、季節の行事や四季折々の話題などを日常会話の中で紹介しました。

　これに対して、本書『朝起きてから夜寝るまでの日常生活英会話』では**1日のあらゆる時間帯で様々なシーンを切り取り、日常のちょっとした会話を提示し、その中でネイティヴが「よく使う定番フレーズ」を各ユニットで2つずつ紹介**していくことにしました。本書の前半は、

　Chapter 1　朝のしたく、出かける
　Chapter 2　学校・大学で
　Chapter 3　オフィスで
　Chapter 4　帰宅、くつろぐ

と、1日の時間軸を追いながら、なにげない会話とともに、ネイティヴらしい英会話表現を多数紹介しています。例えば、Chapter 1の「朝のしたく、出かける」の中には「朝のコーヒー」「テーブルをきれいにする」「家を出る」などのシーンが盛り込まれています。また、Chapter 3の「オフィスで」では「オンライン会議」「部下との会話」「同僚とのランチ」などオフィスでよく見られるシーンを採用しています。

　本書の後半では、**時間帯で括りにくいシーンを機会別に取り上げる**ことにしました。後半は次のような章立てとなっています。

　Chapter 5　家事、用事、近所づきあい
　Chapter 6　週末、休日
　Chapter 7　友人と会う、皆で集まる
　Chapter 8　恋愛、デート
　Chapter 9　1年の行事、出来事、記念日

例えば、Chapter 5 の「家事、用事、近所づきあい」では「スーパーでの買い物」「洗濯」「ガーデニング」など、家事を中心とした身近なことを取り上げています。

　各ユニットでは、「**よく使う定番フレーズ**」2 つと、その関連表現である「**これも使える**」のほかに、ユニット内の会話とは関連しないけれども、同じような場面でネイティヴが多用するフレーズも「**知っておくと便利なフレーズ**」として紹介していますので、1 日の学習で多くのネイティヴらしい表現をまとめて身につけることが可能です（1 日 10 フレーズ程度）。

　例えば、Chapter 1 の「朝食」に登場する「**よく使う定番フレーズ**」は I'm starving!「おなかペコペコだよ！」と Can't wait!「待ちきれない！」ですが、これに加えて朝食のシーンで「**知っておくと便利なフレーズ**」として、Sunny side up, please.「目玉焼きにしてね」、Nice and crispy, please.「カリカリにしてね」などを取り上げています。

　このようなネイティヴが日常のなにげないシーンで使っている表現が本書には満載されていますから、読んでいて楽しく、学習に飽きることが少ない書籍が出来上がったものと自負しています。知るだけでも楽しく、さらに自分でも使ってみたくなる表現を、毎日少しずつでよいので覚えて口に出してみましょう。またダウンロード用音声も用意してありますので、ネイティヴの発音や抑揚を真似しながら、楽しく発音練習もしてみましょう。これまで以上に、英語を知ることや話すことの喜びを実感していただけることと思います。
　さあ、「普段着」のネイティヴ英語の世界へ、新たな一歩を踏み出してみましょう！

2021 年 8 月

A+Café 代表　長尾和夫

本書の使い方

Chapter 1～9の各シーンにおいて見開き2ページの構成になっています。

＜左ページ＞
ダイアローグと日本語訳

ダイアローグで太字になっているセンテンスが「よく使う定番フレーズ」です。「英語→日本語→英語→日本語…」の順に掲載していますから、英語をチェックして自分で日本語訳を考えてみてもいいでしょう。

ダウンロード用音声では「日本語→英語→日本語→英語…」の順に収録しています。日本語を聞いて、瞬間的にそれを英語にする練習に役立ててください。

＜右ページ＞
Words & Phrases

主な語句の意味を簡単に紹介しています。

よく使う定番フレーズ

左ページのダイアローグで登場した太字のセンテンスの解説が、それぞれ＊印のところに掲載されています。

これも使える

「よく使う定番フレーズ」の関連表現、類似表現などを一緒に紹介しています。

知っておくと便利なフレーズ

それぞれのシーンに関連してネイティヴがよく使うフレーズを紹介しています。例えば「朝食」のシーンなら、「目玉焼きにして」「カリカリにして」などの英語表現を紹介してあります。これらも一緒に覚えることで、一歩踏み込んだ学習が可能です。

Contents

· ·

Chapter 3　　オフィスで

Chapter 4　帰宅、くつろぐ

Chapter 5　家事、用事、近所づきあい

Chapter 6　　週末、休日

Chapter 7　友人と会う、皆で集まる

Chapter 8　恋愛、デート

Chapter 9　1 年の行事、出来事、記念日

カバー装丁　株式会社デジカル
レイアウト　株式会社デジカル
イラスト　　田中まゆみ

音声ダウンロードについて

　Chapter 1 〜 9 の各シーンのダイアローグ（日本語→英語）、および「よく使う定番フレーズ」「これも使える」「知っておくと便利なフレーズ」（以上、英語）を録音しています。小社 HP よりダウンロードできます。
https://www.asuka-g.co.jp

・パソコンの場合
小社 HP の「本をさがす」→「音声ダウンロード一覧」→「音声ファイル提供書籍一覧」から本書を選択。

・スマートフォンの場合
小社 HP（メニュー）の「本をさがす」→「ジャンル　メニュー」→「音声ダウンロード一覧」→「音声ファイル提供書籍一覧」から本書を選択。

＜ナレーター＞
英語：Carolyn Miller, Howard Colefield, Rachel Walzer
日本語：久末絹代

＜収録時間＞　約 2 時間 41 分

※音声の再生には MP3 ファイルを再生できる機器などが必要です。ご使用の機器、音声再生ソフト等に関する技術的なご質問・お問い合わせはハードメーカーもしくはソフトメーカーにお願いいたします。

Chapter 1

....

朝のしたく、出かける

① 朝食

Track 1

A: Waffles today!
今日はワッフルよ！

B: Yay! My favorite!
やった！ 僕の好物だ！

A: How hungry are you?
おなかの空き具合はどう？

B: **I'm starving!** ❶   I can eat a whole stack!
ペコペコだよ！ 積み重なったやつを全部食べれちゃう！

A: Okay, then I will make a lot of batter.
わかった、じゃあ、たくさん生地を作るわね。

B: **Can't wait!** ❷
待ちきれないよ！

Words & Phrases

☐ waffle 「ワッフル」

☐ Yay! 「わ〜い！；やった〜！」 ＊うれしさを表す。

☐ stack 「積み重なり；積み重なったもの」

☐ batter 「（ケーキなどの）生地」

よく使う定番フレーズ

❶ **I'm starving!** 「おなかペコペコだよ！」

＊「ものすごくおなかが空いている」という意味の大げさな表現。

> これも使える
>
> **I'm really hungry!** 「ホントおなか空いた！」
>
> **I could eat a horse.** 「おなか空きすぎ！」
>
> ＊「馬1頭だって食べられる」が直訳。
>
> **My tummy is growling!** 「おなかが鳴ってるよ！」
>
> ＊ tummy「おなか」、growl「グーグー鳴る」

❷ **Can't wait!** 「待ちきれない！」

＊ I can't wait! を短くした口語表現。

> これも使える
>
> **I can't wait!** 「待ちきれない！」
>
> **I'm looking forward to it.** 「楽しみっ」

知っておくと便利なフレーズ ★朝の食卓で

● **Sunny side up, please.** 「目玉焼きにしてね」

＊ sunny side up は「黄身を上に向けた目玉焼き」。

● **Nice and crispy, please.** 「カリカリにしてね」

＊ nice and ... は「ちょうどいい感じに…；うまい感じに…」という意味。

● **Can I get a dab of butter/jam?** 「バター／ジャムをちょっともらえる？」

＊ a dab of ...「少量の…」

❷ 朝のコーヒー

A: I just brewed some fresh coffee.
ちょうどコーヒーが入れたてだよ。

B: **You read my mind!** ❶
僕の心を読んだね！

A: Ha ha, I take it that means you'll have some?
ハハ、ということは、ちょっと飲むって意味だと受け取るわよ？

B: I sure will! Let me get my mug.
もちろん！ カップを取って来る。

A: **I'm way ahead of you.** ❷　It's already on the table.
私はかなりあなたの先を行っているわよ。カップはもうテーブル
に載ってるから。

B: Thanks, honey.
ありがとう、ハニー。

Words & Phrases

☐ brew　　　　　　「コーヒーを入れる」

☐ I sure will!　　　「もちろん！」＊強い肯定の返事。

☐ Let me ...　　　 「僕に／私に…させて」

☐ mug　　　　　　「マグカップ：コーヒーカップ」

よく使う定番フレーズ

❶ You read my mind!「僕の心を読んだね！」

＊自分がしてほしいことを相手が先回りしてやってくれたときに用いられるフレーズ。
通常、感謝の気持ちとともに使われる。

> これも使える
> **You're a mind reader!**　　　　「君は心を読めるんだね！」
> **You must have read my mind!**「君は心を読んだに違いないね！」

❷ I'm way ahead of you.「私はかなりあなたの先を行っているわよ。」

＊相手が言ったことや相手の依頼などを、先回りして既に自分で先にやっておいたときに
使うひとこと。

> これも使える
> **Way ahead of you.**　「ずっと先読みしてるわよ」
> **I'm already on it.**　「私がやっておいたわよ」
> **Already on it.**　　　「もうやってあるわよ」

知っておくと便利なフレーズ　★コーヒーを飲む

● **Can I offer you a cup of Joe?**「コーヒーを 1 杯あげましょうか？」
　＊ cup of Joe「1 杯のコーヒー」

● **Fill 'er up!**「カップのギリギリまで注いで！」
　＊ Fill her up! の略。直訳は「彼女を満タンにして！」。

● **Say when!**「ストップって言ってね！」
　＊相手に何かを注いでやるときに使うひとこと。

❸ テーブルをきれいにする

A: I have to get ready for school now.
もう学校へ行く準備しないと。

B: **Not so fast! ❶** Haven't you forgotten something?
ちょっと待って！ 何か忘れてない？

A: Oh ... yeah. I have to clear my own dishes.
ああ…そうだね。自分のお皿を片づけないとね。

B: Yes, and clear off any crumbs from the table.
そうよ、それと、テーブルのくずも全部きれいにしてね。

A: Okay, I did it.
よし、できたよ。

B: Well done. **You're all set. ❷**
よくできたわ。もう OK よ。

Words & Phrases

☐ get ready 「準備ができる」

☐ clear 「片づける」

☐ clear off 「取り除く：片づける」

☐ crumbs 「（パンなどの）くず」

☐ Okay, I did it. 「よし、できたよ」＊何かを終えたと伝える表現。

よく使う定番フレーズ

❶ **Not so fast!** 「ちょっと待って！」

＊「慌てないで！」「ちょっと待って！」「判断を急がないで！」などの意味になる。相手を抑制したり、叱ったりするときや、相手に同意できない場面などで使うひとこと。

> これも使える
> **Hold on there!** 「ちょっと待って！」
> **Just hold on!** 「待って！」

❷ **You're all set.** 「もうＯＫだよ」

＊何かの処理や手続などを終えて、相手がこちらの要求を満たしたときに、相手を解放してやる場面で使う言い回し。

> これも使える
> **You're good.** 「大丈夫だよ」
> **You're good to go.** 「行っていいよ」
> **It's all good.** 「全部 OK」

知っておくと便利なフレーズ　　★食後の片づけ

● **Don't forget to do your chores.** 「自分の仕事を忘れないでやってね」
　＊ chore「毎日の決まり切った仕事」

● **We all need to pitch in.** 「全員が協力してやる必要があるね」
　＊ pitch in「協力する」

❹ 家を出る

Track 4

A: Okay, **I'm out the door!** ❶
よし、行ってくるね！

B: See you tonight. Have a good day.
また今晩ね。いい 1 日を。

A: Thanks, you too.
ありがとう、君もね。

B: **Stay out of trouble!** ❷
気をつけてね！

A: Haha, I will. I'll be home before seven.
アハ、気をつけるよ。7 時前には帰るから。

B: Bye bye.
行ってらっしゃい。

Words & Phrases

□ you too 「あなたも」

□ Haha. 「アハハ」＊笑い声の表現。

□ I will. 「そうするよ」＊相手のアドバイスに従うと伝える表現。

□ Bye bye. 「バイバイ：じゃあね」＊別れるときのひとこと。

よく使う定番フレーズ

❶ **I'm out the door!**「行ってくるよ！」

＊出発するときに使うひとこと。ちょっと急いでいる場面で使われる。

> これも使える
> **I'm on my way!** 「行くね！」
> **I'm off to work/school!** 「行ってきます！」
> ＊仕事／学校に行くときなどに。

❷ **Stay out of trouble!**「気をつけてね！」

＊「気をつけて」と言いたいときのユーモラスな表現。直訳は「トラブルは避けて」。

> これも使える
> **Try to stay out of trouble!**
> 「トラブルには巻き込まれないようにね！」
> **Don't cause too much trouble!**
> 「あまりトラブルを起こしちゃダメよ！」

知っておくと便利なフレーズ　★見送る、出かける

● **Go get 'em!**「行ってらっしゃい！」

＊仕事に出かける人に向かって「行ってらっしゃい」と言うときのひとこと。直訳は「行って、ゲットしてきなさい！」。

● **Have a great day!**「すばらしい日をね！」

● **See you back at the ranch!**「また戻ったら会おうね！」

＊ ranch は「牧場」だが、このセンテンスでは「家」のこと。

❺ 電車／バスに乗る

A: Looks like the bus is going to be late again.
またバスが遅れてるみたいだね。

B: **Yeah, shocker, huh?** ❶
うん、ショックだよな！

A: Right? I rush to make it and then stand around waiting for it.
だよねぇ。バスに間に合うように急いだのに、待ちながらボーッと立たされてるし。

B: I wish this city had better public transportation.
市にもうちょっとマシな公共交通機関があったらいいのに。

A: **You and me both!** ❷ What do we pay taxes for?
だよね！ 私たち、何のために税金を払ってるんだか？

Words & Phrases

□ Looks like ...　　　　　　　「…みたいだ」＊It looks like ... の略。

□ Right?　　　　　　　　　　「だよね；ねぇ；でしょ」＊相づち表現。

□ rush　　　　　　　　　　　「急ぐ」

□ make it　　　　　　　　　　「間に合わせる」

□ stand around　　　　　　　「ボーッと立つ」

□ public transportation　　　「公共交通機関」

よく使う定番フレーズ

❶ **Yeah, shocker, huh?**「うん、ショックだよな！；またかよ！」

＊shocker は「ショックを与えるような物事」。よく起こる不快な出来事への嫌悪感を示すときの皮肉の込もった言い方。実際は「またかよ」といったニュアンスになる。

これも使える
Big surprise, right?　　「超ビックリだよね？」
Who'd have thought?　「誰に予想できただろうね？」

＊Who'd have thunk? というスラングも同じ意味になる。

❷ **You and me both!**「そうだよね！」

＊強い同意表現。通常、何かへの文句で意見が一致したときに使う。

これも使える
I heard that!　　「その通りだよ！」
I feel ya!　　　「わかる！」＊ya = you
Amen to that!　「その通り！」

知っておくと便利なフレーズ　　★バス、タクシー

● **Let's hop on a bus.**「さあバスに乗ろうよ」＊hop on ...「…に跳び乗る」

● **I'm in a rush to catch my bus!**「バスに間に合うように急いでるんだ！」

● **Let's catch a cab so we won't be late.**
「遅れないようにタクシーを捕まえよう」＊cab「タクシー」

❻ 通学

A: **This is a nice surprise! ❶** I've never seen you on the way to school before.

すてきな偶然だねえ！ これまでは通学途中で会ったことなんてなかったのに。

B: Yeah, I usually take an earlier train.

うん、いつもは早めの電車に乗ってるのよ。

A: Right. That's why I always see you in the library.

そうか。だからいつも図書館で君を見かけるんだね。

B: Exactly. I can't study at home. **Too many distractions. ❷**

その通り。家では勉強できないのよね。いろいろ気が散ることが多すぎて。

Words & Phrases

☐ surprise 「驚き」
☐ Right. 「わかった；そうか」＊納得や理解を表す。
☐ That's why ... 「だから…なんだね」
☐ library 「図書館」
☐ Exactly. 「まさに；その通り」

よく使う定番フレーズ

❶ **This is a nice surprise!**「すてきな驚きだね！」

＊会うと思わなかった人物に偶然出くわしたときに使うあいさつ表現。

これも使える	**What a nice surpise!**	「すごくすてきな驚きだね！」
	What a pleasant surprise!	「とてもうれしい驚きだ！」

❷ **Too many distractions.**「気が散るものが多すぎて」

＊ distraction は「気を散らすもの」のこと。ここでは家にあるテレビや食べ物などで気が散って集中できないことを伝えている。

これも使える	**I get distracted too easily.**	「すぐ気が散っちゃうんだ」
	I wind up getting distracted.	「結局、気が散っちゃうんだよね」

＊ wind up -ing 「結局…する羽目になる」

Too many things that take my mind off studying/work.

「勉強 / 仕事に集中できないものが多すぎて」

知っておくと便利なフレーズ　★朝、友人に会う

● **Hey! I know you!**「あれっ！ いた〜！」

＊親しい友人に出くわしたときの、うれしさの籠もったあいさつ。

● **What a coincidence!**「なんて偶然なんだ！」

● **Come sit by me!**「こっちに来て、隣にお座りよ！」

★起床

目覚まし時計	alarm clock
（時計が）鳴る	ring
（時計を）止める	turn off
ベッド	bed
枕	pillow
ベッドカバー	bedspread
シーツ	sheet

★食卓

朝食	breakfast
パン	bread
コーヒー	coffee
紅茶、お茶	tea
カップ	cup〔温かい飲み物など〕
グラス	glass〔冷たい飲み物など〕
皿	dish〔大皿〕
	plate〔小皿〕

★玄関

玄関のドア	front door
スリッパ	slippers
靴	shoes
靴べら	shoehorn
傘	umbrella
傘立て	umbrella stand

Chapter 2

学校・大学で

❶ 教室で

A: Can I look at your notes from yesterday?
昨日のノート見せてもらえる？

B: Okay, but **it'll cost you.** ❶
いいよ、でも高くつくよ。

A: Come on, don't be so mean!
頼むから、意地悪しないで！

B: I'm just kidding. Sure, take a look.
ただの冗談だよ。はい、見ていいよ。

A: Thanks. Wow, your notes are so organized!
ありがとう。へえ、あなたのノート、すごくまとまってる！

B: Yeah, I know. **I'm a nerd.** ❷
ああ、そうなんだ。僕ってガリ勉タイプだから。

Words & Phrases

☐ Come on.　　　　　　　「頼むよ：お願いだから」

☐ mean　　　　　　　　「意地の悪い」

☐ I'm just kidding.　　　「ただの冗談だよ」

　　　　　　　　　　　　＊ kid は「からかう：冗談を言う」。

☐ organized　　　　　　　「整理された：整った」

よく使う定番フレーズ

❶ It'll cost you. 「高くつくよ」

　＊ cost は「費用がかかる」という意味。たいていは冗談で使われるひとこと。実際に何か
　　返礼を要求するとしても、お菓子を少しもらう程度。

> これも
> 使える
>
> **It'll cost you big time.** 「ものすごく高くつくよ」
> **It's going to cost you.** 「高くつくからね」

❷ I'm a nerd. 「僕ってガリ勉タイプだから」

　＊ nerd や geek は、まじめすぎる人やガリ勉タイプの人が自分のことを表現するときに
　　よく使う単語。

> これも
> 使える
>
> **I'm such a nerd.**　　　　「超、ガリ勉なんだよ」
> **I'm such a geek.**　　　　「すごいガリ勉なんだ」
> **I'm a total geek/nerd.**　「完璧なガリ勉なんだ」

知っておくと便利なフレーズ　　★友人に声をかける

● **Can I sit next to you?**　　「隣に座ってもいい？」

● **Have you got a spare pen?** 「予備のペン持ってる？」

　＊ spare「予備の」

❷ 宿題

A: This course gives us too much homework!
このコースって宿題が多すぎるよね！

B: I know! **Give me a break! ❶**
そうなのよ！ 冗談じゃないわよね！

A: Does the teacher think we don't take any other classes?
先生は私たちが他の授業を取ってないと思ってるのかな？

B: **Sure seems that way! ❷**　I think maybe we students should talk to her.
ホント、そうみたいだよね！ たぶん私たち生徒で先生に話すべきだと思うよ。

A: That might be a good idea.
それはいい考えかもね。

Words & Phrases

□ course 「コース：課程」
□ homework 「宿題」
□ I know! 「だよね！：そうなんだよ！：わかる！」
＊共感を表すひとこと。
□ break 「休憩：中断」

よく使う定番フレーズ

❶ **Give me a break!**「冗談じゃないよね！：勘弁してほしいよ！」

＊何かが筋が通らずおかしかったり、過度だったりしたときの不平の文句。

| これも使える | **Get real!** | 「ふざけるな（ってことだよね）！」 |
| | **What are they thinking?** | 「何考えてるんだろうね？」 |

❷ **Sure seems that way!**「ホント、そうみたいだよね！」

＊ネガティヴな不平を述べた相手に同意するときによく使うひとこと。

これも使える	**Sure seems like it.**	「マジそれっぽいね」
	It appears that way.	「そうみたいだね」
	That's how it appears.	「そういう感じだよね」

知っておくと便利なフレーズ　★宿題について

● **Can I turn homework in late?**

「宿題をあとで提出してもいいですか？」
＊ turn in ...「…を提出する」

● **I finished my homework at the last minute.**

「宿題ギリギリで終わったよ」
＊ I went right down to the wire on my homework. も同じ。

❸ 試験

A: How do you think you did on the test?
テストはどうだった？

B: I think **I aced it!** ❶
完璧だったと思うな！

A: Wow! Not me! I think **I just squeaked by.** ❷
へえ！ 私は違うわ！ ギリギリで合格だと思うわ。

B: You need to study more!
もっと勉強しなきゃね！

A: I studied a lot. I'm just not good at math.
たくさん勉強したわよ。 私は単純に数学が得意じゃないのよ。

B: Well, good luck!
うん、幸運を祈るよ！

Words & Phrases

□ Not me!　　「私は違うわ！」

□ math　　　「数学」

□ luck　　　「運：巡り合わせ」

よく使う定番フレーズ

❶ I aced it! 「完璧だった！：大成功だった！」

* ace は「ミスせずに、あるいはわずかなミスで何かを成し遂げる」という意味。テスト
やプロジェクトなどに関してよく使われる。

| これも
使える | I nailed it! 「完璧にやってのけたよ！」
* nail「完璧にやる：うまくやる」

I zipped through it! 「簡単に片づいたよ！」
* zip through「簡単・容易に片づける」 |

❷ I just squeaked by. 「かろうじてなんとかなったわ」

* squeak by は「すれすれで通過する：かろうじて成功する」という意味。

| これも
使える | I barely squeaked by. 「ギリギリでなんとかなったわ」
I did just enough to pass. 「ちょうど合格できるレベルよ」 |

知っておくと便利なフレーズ　　★試験勉強

● I'm going to have to cram for tomorrow's test.

「明日の試験に向けて、一夜漬けしなきゃだ」

* cram「詰め込み勉強をする」

● I pulled an all-nighter! 「徹夜しちゃったよ！」

* all-nighter「徹夜（の勉強）」

④ オンライン授業

A: Can everyone see and hear me?
　みんな、私が見えて、声も聞こえますか？

B: **Loud and clear!** ❶
　バッチリです！

A: Great. Can I get you all to mute yourselves?
　いいですね。皆さん、自分の音を消してもらえますか？

B: Sorry, how do I do that?
　すみません、どうやればいいでしょう？

A: You should see a microphone image down below.
　下のほうにマイクの画像が見えるはずですよ。

B: **Got it!** ❷　Thanks!
　わかりました！ありがとうございます！

34

Words & Phrases

□ mute 「音を消す」

□ You should ... 「…のはずだ」

□ image 「画像；像」

よく使う定番フレーズ

❶ Loud and clear!「バッチリです！：はっきり聞こえます！」

＊音声や映像がはっきりしていて、よくわかるときに使うひとこと。

> これも
> 使える
> **Clear as a bell!**　「バッチリ大丈夫です！」
> **Clear as day!**　　「はっきりと伝わってます！」
>
> ＊ as a bell も as day も「はっきりと」「明確に」。

❷ Got it!「わかりました！」

＊理解を示すひとこと。I understand! と同じ。

> これも
> 使える
> **I got it!**　　　「わかりました！」
> **I get it!**　　　「わかります！」
> **I see (it)!**　　「わかりました！」

知っておくと便利なフレーズ　★相手との会話

● **Crank up your volume.**「ボリュームを上げてください」

＊ crank up「強さを上げる」

● **You look a little fuzzy.**「ちょっと映像がぼんやりしていますね」

＊ fuzzy「ぼやけた」

● **Switch off your mikes.**「マイクのスイッチを切ってください」

⑤ ランチ

A: Do you bring your lunch every day?
毎日お昼ご飯を持ってくるの？

B: Almost. Once a week I get cafeteria food.
ほとんどね。週に一度だけカフェテリアの食事を食べるの。

A: **Let me guess!** ❶　You get curry on Wednesdays!
僕に当てさせて！ 君は水曜日にはカレーを食べるんでしょ！

B: Exactly! This cafeteria's curry is so yummy!
その通りよ！ カフェテリアのカレーはすごくおいしいの！

A: **Everbody seems to think that.** ❷　To me it's just so-so.
みんながそう思ってるみたいだね。僕にとっては、まあまあって感じ。

B: Really?
そうなの？

Words & Phrases

☐ Exactly!　　「その通り！」＊強い肯定の返事。

☐ yummy　　　「おいしい」＊ delicious のくだけた表現。

よく使う定番フレーズ

❶ Let me guess!「当てさせて！」

＊誰かの言葉を遮って、相手が次に何を言おうとしているか当てたいときに使う、楽しい感じのひとこと。

> | これも
使える | **I know what you're going to say!** |
> 「君が何を言うつもりかわかるよ！」
> **I bet I know what you're going to say!**
> 「君が何を言うつもりか、きっと僕にはかわってるよ！」
> ＊ I bet ...「きっと…だ：確実に…だ」

❷ Everybody seems to think that.「みんながそう思っているようだねぇ」

＊多くの人が思っていることに関して、強くではないが、少し同意できない部分がある場面で使うフレーズ。

> | これも
使える | **Everybody says that.**　　　　「みんなそう言ってるね」 |
> **That's what everybody says.**「それ、みんなが言ってることだね」
> **That's what everybody seems to think.**
> 「みんながそう考えてるっぽいね」

知っておくと便利なフレーズ　　★一緒に食べる

● **Let's grab some grub!**「何か食べに行こうよ！」

＊ grab はここでは「食べる」の意。grub は「食べ物」で food のくだけた言い方。grub の代わりに eats「食べ物」を使っても OK。

● **Let's chow down!**「さあ食べよう！」

＊ chow down「（ガツガツ・たくさん・すばやく）食べる」

❻ ファストフード店へ行く

Track 12

A: I'm hungry! Let's go to McAndys.
おなかが空いたな！ マッカンディーに行こうよ。

B: Sure! I want to try their new BBQ burger.
いいわよ！ 新しいバーベキューバーガーを試したいんだ。

A: Oh my god! **It's addictive! ❶**
やばっ！ それすごく癖になるよ！

B: **I knew it! ❷**　　That place has the best burgers!
やっぱりね！ あそこは最高のバーガーを出すのよね！

A: I agree. And their shakes are yummy too!
うん。それにシェイクもおいしいよね！

Words & Phrases

☐ I want to try ...　　　「…を試してみたい」

☐ BBQ　　　　　　　　「バーベキュー」

☐ Oh my god!　　　　　「やばっ！：えっ！」＊強い驚きなどを表す。

☐ addictive　　　　　　「中毒性のある」

☐ yummy　　　　　　　「おいしい」＊ delicious のくだけた表現。

よく使う定番フレーズ

❶ It's addictive! 「(それ)癖になるよ！」

＊何かがとてもおいしくて癖になると伝えたいときに。

これも 使える	**You'll be hooked!**	「ハマっちゃうよ！」
	You'll be hooked on it!	「それにはハマっちゃうよ！」
	You won't be able to stop!	「やめられないよ！」

❷ I knew it! 「やっぱりね！」

＊直訳は「知ってた」。転じて「やっぱりね」という意味で使われる、なんとなく自分でそうかなと思っていたことが、やはりそうだとわかったときに。

これも 使える	**Just as I thought!**	「やっぱりそうか！」
	Like I expected!	「予想通りね！」

知っておくと便利なフレーズ　★注文する

● **I'll get it to go.** 「持ち帰りでください」

● **And some fries to go with it.** 「で、それと一緒にフライドポテトも」

● **What's it come to?** 「いくらですか？」

＊ What's は What does の略。come to ... 「金額が…になる」

❼　クラブ活動

Track 13

A: Why don't you join the manga club?
漫画クラブに入ったらどう？

B: **I'm considering it. ❶**　How do you like it?
検討中なんだ。君はどうなの？

A: It's fun, and it helps you get good ideas.
楽しいし、いいアイデアを出す助けになるわ。

B: But I heard the older students are really bossy.
でも年上の生徒がかなり偉そうだって聞いてるんだ。

A: **That's not a big deal. ❷**　It's just expected.
大したことじゃないわよ。普通だよ。

Words & Phrases

☐ fun　　　　　　　　「楽しみ：おもしろいこと」

☐ It helps you ...　　「それはあなたが…する助けになる」

☐ I heard ...　　　　 「…だと聞いた：聞いている」

☐ bossy　　　　　　「横柄な：偉そうな」

よく使う定番フレーズ

❶ I'm considering it.「検討中なんだ」

＊何かを選択肢として検討しているときに使うひとこと。

これも 使える	**I'm thinking about it.**　　　　　　「考えてるところ」
	I'm giving it some thought.　　　「ちょっと考えてるんだ」
	It's something I'm thinking about.「それ、考えていることなんだ」

❷ That's not a big deal.「大したことじゃないわよ」

＊何かがそれほど問題ではないとき、それほど心配することではないときに使う表現。

これも 使える	**It's no big deal.**　　　　　　　　「大したことないわよ」
	That's nothing to worry about.　「心配することじゃないわよ」

知っておくと便利なフレーズ　　★同じクラブに誘う

● **Join in!**「入りなよ！：参加しなよ！」

＊何かに参加するように促すひとこと。

● **Give it a whirl!**「試してみなよ！」

＊ Give it a try! と同じ意味になるフレーズ。give ... a whirl で「…を試しにやってみる」。

● **Try it and see how you like it.**「試して、好きかどうか見てみたらいいわ」

＊ how you like it は「あなたがそれをどう気に入るか」。

❽ 友人との会話

A: After school, **do you want to hang out?** ❶
放課後、一緒に過ごさない？

B: Sure! Do you want to go shopping?
もちろん！ 買い物に行きたいの？

A: Not really. How about just walking down to the river?
そうでもないの。ちょっと川まで歩くのはどう？

B: Okay, since the weather is so nice.
いいわよ、お天気がすごくいいものね。

A: Yeah, I want to be outside. So **let's just chill.** ❷
うん、外で過ごしたいのよ。だから、ただのんびりしましょうよ。

B: Sounds good.
いいわね。

Words & Phrases

□ Sure!	「もちろん！」＊強い肯定の表現。
□ Not really.	「そうでもないかな」
□ How about just -ing?	「ただ…するのはどう？」
□ since ...	「…なので」

よく使う定番フレーズ

❶ Do you want to hang out? 「一緒に過ごさない？」

＊ hang out は「ぶらぶらして過ごす」。若者が「一緒に時間を過ごす」という意味でよく使うフレーズ。

> これも使える
>
> **Let's just hang out together.** 「一緒に過ごそうよ」
> **Let's meet up.** 「待ち合わせしようよ」＊ meet up 「会う；集まる」
> **If you have time, let's hang out.**
> 「時間があったら、ぶらぶらしようよ」

❷ Let's just chill. 「ただのんびりしましょうよ」

＊ chill は「くつろいでのんびりする」といった意味合いの動詞。

> これも使える
>
> **Let's chill.** 「のんびりしよう」
> **Let's chill out someplace.** 「どこかでのんびりしましょう」

知っておくと便利なフレーズ　★友達と一緒に

● **Let's grab a bite.** 「ちょっと食べようよ」
　＊ grab a bite は「軽く食べる；軽食を取る」という意味。

● **Let's play some tunes.** 「ちょっと音楽かけよう」
　＊ Let's listen to music. も同じ。

● **Are you into computer games?** 「コンピューターゲームに興味ある？」
　＊相手の興味を確認するフレーズ。

❾ 下校

A: My brother and I are going to practice soccer after school.

放課後、兄弟とサッカーの練習をするんだ。

B: Cool. **Can I tag along?** ❶

いいね。一緒について行っていい？

A: Yeah, I was hoping you would.

うん、君が来るのを期待してたんだ。

B: Great! What's your last class today?

やった！ 君の最後の授業は何だい？

A: History. I can meet you in front of your locker.

歴史だよ。君のロッカーの前で会おうよ。

B: **Sounds like a plan.** ❷

いいね。

Words & Phrases

□ practice 「練習する」
□ I was hoping ... 「…を望んでいた」
□ last class 「最後の授業」
□ in front of ... 「…の前で」

よく使う定番フレーズ

❶ Can I tag along? 「ついて行ってもいい？」

＊楽しそうなイベントに一緒に行ってもいいか、たずねるときに使う。tag along で「ついて行く」。

| これも使える | **Can I join you?** | 「僕も参加していい？」 |
| | **Mind if I tag along?** | 「一緒に行ってもいい？」 |

❷ Sounds like a plan. 「いいね」

＊予定などが万事うまく決まった時点で、「いいね」と返事をするときに使われるフレーズ。

| これも使える | **Sounds good.** | 「いいよ」 |
| | **Okay with me.** | 「僕は OK だよ」 |

知っておくと便利なフレーズ　　★終業、学校を出る

● **There's the bell!** 「終業のベルだ！」
　＊学校の鐘の音は授業の終わりの合図。

● **I'm going to make a move.** 「帰るよ」
　＊ I am going to go. も同じ。

● **I'm out of here!** 「もう帰るよ！；もう出るよ！」
　＊ひとつ上の表現より帰りたい気持ちが強い言い方。

45

⑩　書店に行く

A: I always **have time to kill ❶** between school and my part time job.
いつも学校とバイトの間に時間があるんだよね。

B: What do you usually do?
いつも何をしているの？

A: I often go to the bookstore in front of the station.
駅前の書店によく行くよ。

B: I was thinking of going there today.
私も今日そこに行こうと思ってた。

A: Shall we go together?
一緒に行く？

B: **Sure, why not? ❷**
うん、もちろん！

46

Words & Phrases

□ kill	「（時間を）潰す」
□ between A and B	「A と B の間に」
□ usually	「たいてい；いつもは；普通は」
□ Shall we ...?	「一緒に…しようか？」＊相手を誘うフレーズ。

よく使う定番フレーズ

❶ **I have time to kill.**「時間を潰さなきゃならないんだ」

＊ kill time で「時間を潰す」という意味。予定の間に時間が余っているときによく使う。

これも使える	**I have a couple hours to kill.**　「数時間、潰さなきゃならないんだ」
	I need to kill some time.　　　「ちょっと時間を潰す必要があるんだ」

....

❷ **Sure, why not?**「うん、もちろん！」

＊同意を表すカジュアルな表現。

これも使える	**I'm in.**　　　　　　　　　「乗った」
	I don't see why not.　「もちろん」
	Sounds good.　　　　　「いいね」

知っておくと便利なフレーズ　　★書店で

● **I'll be browsing around the magazine section.**

「雑誌のところでぶらぶらしているよ」

＊ browse「（ぶらぶら）商品などを見て回る」

● **I bought a whole stack of books!**「大量に本を買ったよ！」

＊ whole stack of books「大量の本」。stack は「積み重ね」。

● **Don't linger too long if you're not going to buy anything.**

「何も買わないのなら、あまりグズグズしないでね」

＊ linger「グズグズする；時間をかける」

⓫　休暇

Track 17

A: What are your summer break plans?
夏休みの計画はどうなの？

B: I'll stay at my grandparents' beach house in Okinawa.
沖縄の祖父母のビーチハウスに滞在するんだ。

A: **Sweet! ❶**　For how long?
いいなあ！ どのくらいの期間？

B: Basically the whole month of August.
基本的に8月の1カ月丸々だよ。

A: **That sounds like a blast! ❷**
すごく楽しそう！

B: I'm thinking of getting a scuba license!
スキューバの免許を取ろうと思ってるんだ！

Words & Phrases

☐ summer break 「夏休み」

☐ beach house 「ビーチハウス」＊海岸近くに建てられた家。

☐ how long 「どのくらいの期間」

☐ blast 「ものすごくおもしろい物事；すばらしい物事」

☐ scuba license 「スキューバの免許」

よく使う定番フレーズ

❶ Sweet!「いいなぁ！」

＊何かがとてもいい、楽しそう、ワクワクすると感じたときのひとこと。

> これも使える
> **Awesome!**　「すごいね！；いいね！」
> **Fabulous!**　「すばらしいね！；ワクワクだね！」

❷ That sounds like a blast!「すごく楽しそう！」

＊ blast は「特に楽しい経験」という意味。

> これも使える
> **That sounds like a hoot!**　「すごくおもしろそう！」
> **That sounds super fun!**　「超、楽しそう！」
> **That sounds awesome!**　「すごく良さそう！」

知っておくと便利なフレーズ　★皆で楽しむ

● **Let's party!**「楽しもうよ！；盛り上がろう！」

＊ party は「大いに楽しむ；盛り上がる」。Let's have a great time! も同じ。

● **Time to live it up!**「さあ、お楽しみの時間だよ！」

＊ live it up「思い切り楽しむ」

● **I'm ready for some sun and sand!**「ビーチ休暇の準備はバッチリさ！」

＊ sun and sand で「ビーチでの休暇」という意味。

⑫　ロマンスが恋しい

A: I want a boyfriend!
彼氏がほしいなあ！

B: When was your last relationship?
最後に付き合ったのはいつなの？

A: **Don't ask!❶**　It feels like forever!
聞かないでよ！ 永劫の彼方みたいな気がするわ！

B: Hmmm ... Should I try to set you up?
う〜ん… 私がデートをセッティングしてあげましょうか？

A: That would be great! No jerks, of course.
ありがたいわ！ 当然だけど、変なやつはやめてよね。

B:　**That goes without saying.❷**
それは言われなくても当然のことだよ。

Words & Phrases

☐ relationship 「交際」
☐ forever 「永遠」
☐ set ... up 「…のためにデートを設定する」
☐ jerk 「変なやつ；バカ；ダメなやつ」

よく使う定番フレーズ

❶ **Don't ask!** 「聞かないでよ！」

＊個人的に恥ずかしいことなどを質問されたときに「そのことは聞かないで！」「その話題の質問はやめて！」と伝えるひとこと。

> これも使える
> **Don't remind me!** 「思い出させないでよ！」
> **Don't make me say!** 「私に話させないで！」

❷ **That goes without saying.** 「それは（言われなくても）当然のことだよ」

＊「当然のことだから口に出して言われる必要もない」と相手に伝える表現。

> これも使える
> **That's obvious.** 「当然よ」
> **That hardly needs to be said.** 「ほとんど言われる必要もないわ」
> **That's clear from the get-go.** 「最初から間違いなくね」
> ＊ get-go「最初；初っ端」

知っておくと便利なフレーズ　★彼氏がほしい

● **I want to hook up with somebody!**
「誰かと付き合いたいなあ！；誰かと遊びたいなあ！」
＊ hook up with ...「…と付き合う；遊ぶ」

● **Where are all the good guys?** 「いい男はみんなどこに行っちゃったの？」

● **Single life sucks!** 「ひとりっきりなのは最低だわ！」
＊ suck「最低だ；ひどい；ムカつく」

⓭ 彼氏の話をする

A: How goes it with your boyfriend?
彼氏とはうまく行ってる？

B: Ex-boyfriend, you mean!
別れた彼氏のことよね！

A: Oh no! What happened?
なんですって！ どうしたのよ？

B: I found out he was cheating on me!
彼が浮気してるのを見つけちゃったのよ！

A: Oh, my god! **That sucks!** ❶ I'm so sorry.
あら、大変！ 最悪ね！ かわいそう。

B: It's okay. **I'm over it.** ❷
大丈夫。もう立ち直ったから。

Words & Phrases

☐ How goes it with ...?　　　「…とはうまく行ってる？」

☐ ex-boyfriend　　　　　　「前の彼氏；別れた彼氏」

☐ mean　　　　　　　　　「意味する」

☐ cheat on ...　　　　　　「…を裏切って浮気する」

よく使う定番フレーズ

❶ That sucks!「最悪ね！」

＊不運な相手への同情を表すひとこと。

> これも
> 使える
> **That blows!**　　　「ひどいわよね！」
> **That really sucks!**「ホントに最悪だね！」

---

❷ I'm over it.「もう立ち直ったから」

＊ be over ... は「…を乗り越える；…から立ち直る」。既に自分が何らかの困難から立ち直っていることを相手に伝えるひとこと。

> これも
> 使える
> **I'm past it.**　　　　　「もう大丈夫だから」
> **I'm moving on.**　　　　「私はもう前に進んでるの」
> **I've put it behind me.**「もう過去のことよ」

＊ behind ...「…の後ろに」

知っておくと便利なフレーズ　　★彼氏のことを聞く

● **How's he treating you?**「彼氏は優しくしてくれてる？」

＊相手を異性が大事にしてくれているかどうか、たずねる質問。

● **Did you work it out?**「問題は解決したの？」

＊異性との関係のこじれが解決したか、たずねる場面で使えるひとこと。

● **Are you still seeing him?**「まだ彼と付き合ってるの？」

⓮　友人との別れ

A: I decided not to hang out with Karen anymore.
　もうカレンとは付き合わないことに決めたの。

B: I thought you were best friends!
　ふたりは親友だと思ってたよ！

A: She became too stuck-up! **I don't need that. ❶**
　彼女、すごく高飛車になっちゃって！　そういうの、ごめんなのよ。

B: Yeah, I guess she has changed a lot.
　うん、彼女だいぶ変わったのかもね。

A: I have too. We've gone in different directions.
　私も変わったわ。ふたりは別方向に進んじゃったのよ。

B: **Hey, it happens. ❷**
　まあ、よくあることだよ。

Words & Phrases

☐ decide not to ...	「…しないことに決める」
☐ stuck-up	「高慢な；お高くとまった」
☐ I guess ...	「…かもね」
☐ go in different directions	「異なった方向に進む」
☐ direction	「方向」

よく使う定番フレーズ

❶ I don't need that.「そういうのはごめんなのよ」

＊不快な人物や状況へのいらつきが現れている表現。

> これも使える
>
> **I don't need that in my life.**「私はそういうの、ごめんなの」
> **Who needs that?**　　　　　「そういうの、要らないよね？」

❷ Hey, it happens.「まあ、よくあることだよ」

＊「人生はすべて思い通りに行くとは限らないし、そういうことはよく起こるものだ」と伝えながら、相手への同情を示す言い方。自分にも同様の体験がある場合によく使う。

> これも使える
>
> **It is what it is.**　「そういうものさ：仕方ないよ」
> **Life goes on.**　　　「しょうがないよ」＊直訳は「（それでも）人生は続く」。
> **Shit happens.**　　　「よくあることさ」
>
> ＊かなり下品な表現なので、使用は避けるべき。

知っておくと便利なフレーズ　★友人とのやりとり

● **You do you.**「自分のやりたいようにやりなよ」
＊自分のやりたいことを自分らしくやりなさいというアドバイスのフレーズ。

● **No hard feelings.**「悪く思わないでね」
＊状況によって「悪気はないんだよ：別に気にしてないよ」などの意味にもなる。

● **You've really changed!**「君はホントに変わったね！」

⓯ バイトの採用面接

A: Did your interview go well?
面接はうまくいった？

B: I think so. I'll know in a couple days.
そう思う。数日でわかると思うわ。

A: **Does it seem like a good fit?** ❶
ぴったりの仕事だと思う？

B: **Yes and no.** ❷ The hours aren't very flexible.
どちらとも言えないわ。労働時間の融通が利かないのよ。

A: As a student, that's really important.
学生としては、重要なところよね。

B: Right? So I'm still looking.
だよね？ だから私はまだ探してるのよ。

Words & Phrases

□ interview	「面接」
□ in a couple days	「数日で」
□ flexible	「柔軟な；融通の利く」
□ Right?	「だよね？；でしょ？」

よく使う定番フレーズ

❶ **Does it seem like a good fit?**「ぴったりの仕事だと思う？」

＊ good fit は「ぴったりのもの」という意味。仕事や趣味などがその人にぴったり合っているかどうか、たずねるひとこと。

これも使える	**Does it seem like it matches you?**	「あなたに合ってると思う？」
	Does it seem right for you?	「あなたにふさわしいと思う？」

❷ **Yes and no.**「どちらとも言えないわ」

＊あるものに、いい部分と悪い部分などの二面性があるときの答え。

これも使える	**Kind of.**	「まあねぇ；ある意味ね」
	Not sure yet.	「まだよくわからないわ」
	There are pros and cons.	「いいところと悪いところがあるの」

知っておくと便利なフレーズ　　★面接について

● **Can I help you prep (for your interview)?**
「（面接）準備の手伝いをしようか？」＊ prep = prepare「準備する」

● **Did you nail it?**「うまくいった？」＊ nail「うまくやってのける」

● **When will they get back to you?**「連絡はいつ来るの？」

⑯　バイト先で

A: Hey, you're here today!
あっ、今日はここにいたね！

B: Hi! Shall I get you your latte?
やあ！ ラテをお持ちしましょうか？

A: Yes, please. Were you on vacation or something?
うん、お願いします。休暇か何かだったの？

B: **I wish!** ❶　I've just been busy with my classes.
ならいいんですけど！ ただ授業のほうが忙しくて。

A: Ah, so you're a student. **What's your major?** ❷
ああ、ということは君は学生なんだね。専攻は何なの？

B: Biochemistry.
生化学です。

Words & Phrases

☐ Shall I ...?　　　　　　「（私が）…しましょうか？」
☐ latte　　　　　　　　　「カフェラテ」
☐ ... or something?　　　　「…か何か？」
☐ major　　　　　　　　　「専攻」
☐ biochemistry　　　　　　「生化学」

よく使う定番フレーズ

❶ **I wish!** 「ならいいんですけど！」

＊現実の生活よりも、相手の話したことのほうが理想的な場面での返事。

> これも使える
> **I wish that were true!**　「それがホントならいいのに！」
> **If only that were true!**　「それがホントでさえあれば！」
> **That would be nice!**　　「そうだったらいいなあ！」

❷ **What's your major?** 「専攻は何なの？」

＊大学生に向かってよく使う質問のひとつ。

> これも使える
> **What are you majoring in?**　「何を専攻しているの？」
> **What are you studying?**　　「何を学んでいるの？」

知っておくと便利なフレーズ　　★常連客との会話

● **I'll have the usual.** 「いつものやつを」
＊いつも頼んでいるメニューを注文したいときに使う。

● **Good to see a regular!** 「常連さん、いらっしゃい！」
＊直訳は「常連さんに会えてうれしい！」。

● **Same time tomorrow?** 「明日も同じ時間に来られるの？」
＊店員が翌日の来店について常連客にたずねるひとこと。

★学校

学校	school
大学	college〔単科大学〕
	university〔総合大学〕
学年	grade
生徒	student/pupil

★校舎、教室

校舎	school building
教室	classroom
黒板	chalkboard
机	desk
椅子	chair
階段	stairs
廊下	hallway
体育館	gymnasium
運動場	playground
校庭	schoolyard

★授業、学習

授業	class/lesson
時間割	schedule
学ぶ	study〔教科を学ぶ〕
	learn〔知識・技能を身につける〕
試験	test/examination
実験	experiment
宿題	homework
宿題をする	do one's homework

Chapter 3

オフィスで

A: Hey, good morning!
やあ、おはよう！

B: Good morning. **How was your weekend?** ❶
おはよう。週末はどうだった？

A: It was pretty good. I spent some time at the gym. You?
かなり良かったよ。ジムでちょっと過ごしたんだ。君は？

B: I stayed home and watched some movies.
私は家でいくつか映画を観たわ。

A: And now here we are back at work.
で、今はここで再び仕事ってことだね。

B: Yep. **Back to the grind.** ❷
ええ。きつくて退屈な仕事に復帰よね。

Words & Phrases

□ weekend 「週末」

□ spend some time 「少々の時間を過ごす」

□ gym 「ジム：スポーツクラブ」

□ back at work 「仕事に戻って」

よく使う定番フレーズ

❶ How was your weekend?「週末はどうだった？」

＊週の始め、特に月曜日によく使われるあいさつフレーズ。

これも使える **Did you have a good weekend?** 「いい週末を過ごせた？」

Did you do anything special (on the weekend)?

「（週末は）特に何かした？」

❷ Back to the grind.「きつくて退屈な仕事に復帰よね」

＊grind は「骨の折れる退屈な仕事」という意味の語。

これも使える **Back to work.** 「仕事に復帰だね」

Back at it. 「復帰だね」

＊back at it で「元通りになる：元に戻る」。

知っておくと便利なフレーズ ★あいさつ

● **Good to see you!**「会えてうれしいよ！」

＊あいさつ表現。返事は You too.「私も」など。

● **How's it going?**「調子はどう？」

＊軽いあいさつ表現。

● **Ready to get back to work?**「仕事に戻る準備はどう？」

＊週の始めによく使うあいさつ。

❷ オンライン会議

Track 24

A: It looks like everyone is here.
全員揃っているようですね。

B: Not everyone. Fran will join us later.
全員ではありません。フランがあとで参加します。

A: Ah, that's right. **No worries.❶**　Let's start.
ああ、そうですね。大丈夫。始めましょう。

B: Can you enable us to share screens?
私たちが画面をシェアできるようにしてもらえますか？

A: Doing that now. Who wants to go first?
今やってます。誰が最初に話したいですか？

B: **I'll give it a go!❷**
私から始めてみますよ！

64

Words & Phrases

☐ enable 「可能にする」

☐ share 「共有する」

☐ screen 「画面」

☐ Doing that now. 「今やってます」

= I'm doing that now. の省略。

よく使う定番フレーズ

❶ No worries. 「大丈夫」

＊「すべて問題ない」ことを伝える一般的なひとこと。

これも 使える	**No problem.**	「問題ありません」
	All good.	「大丈夫です」

....

❷ I'll give it a go! 「私から始めてみますよ！」

＊「最初に自分が意見などを述べる」と伝えるひとこと。give it a go は「試しにやってみる」。

これも 使える	**I'll give it a shot.**	「私がやってみます」
	I'm game.	「私がやります」
	I'm up for it.	「私にやらせてください」

知っておくと便利なフレーズ　★会議の開始・終了

● **Let's keep to our time.** 「時間を守りましょう」

＊ keep to someone's time「時間をしっかり守る；従う」

● **Let's wind things up.** 「この辺で終わりにしましょう」

＊ wind things up「終わりにする」

● **Thanks for joining!** 「ご参加ありがとうございました！」

❸ オフィス・ミーティング

A: **Who'd like to kick things off?** ❶
誰が話の口火を切りたいですか？

B: I'll go.
私が。

A: Janet, thanks. **What have you got for us today?** ❷
ありがとう、ジャネット。今日はどんな話がありますか？

B: Some good news, I'm happy to say.
少々いいニュースがあって、お話しするのがうれしいんです。

A: Excellent! What is it?
すばらしい！ 何でしょう？

B: We added twenty thousand new subcribers last month.
先月、有料登録者が2万人増えたんです。

Words & Phrases

□ Excellent!　　　「すばらしい！」
□ add　　　　　　「加える；追加する」
□ subcriber　　　「定期購読者；（有料）登録者」

よく使う定番フレーズ

❶ Who'd like to kick things off?「誰が話の口火を切りたいですか？」

＊ビジネスに限らず、どんな種類の打ち合わせでも使えるフレーズ。kick things off は「スタートさせる」という意味。

> これも使える
> **Who'd like to lead things off?**「口火を切りたいのは誰？」
> **Who wants to go first?**　　　「最初に話したい人は？」
> ＊ Who'd like to start? も同じ。

----

❷ What have you got for us (today)?

「（今日は）どんな話がありますか？」

＊報告などを始めてもらう場面で使うひとこと。カジュアル、フレンドリーな場面でも、ビジネスシーンでも使える。

> これも使える
> **What have you got for me?**　「どんな話がありますか？」
> **Let's see what you've got.**　「さあ話してみてください」

知っておくと便利なフレーズ　★ミーティングで

● **Are we all on the same page?**「みんな認識は一致してますか？」
＊ be on the same page「同じページにいる」→「認識が一致している」

● **Let's run another ten minutes.**「あと10分続けましょう」
＊時間を決めて会議などを続けたいときに使う。

● **Let's wrap things up.**「終わりにしましょう」
＊ wrap things up「締め括る」

④ 部下との会話

A: When can you finish the report?
　報告書はいつ仕上げられる？

B: When do you need it by?
　いつまでに必要でしょうか？

A: Well, **the sooner the better.** ❶
　うーん、早いほどいいな。

B: I see. Is Friday afternoon okay?
　わかりました。金曜の午後でいいでしょうか？

A: Friday morning would be better. **Is that doable?** ❷
　金曜の午前のほうがいいな。それって可能かな？

B: Yeah. Okay, I'll commit to that.
　はい。ええ、お約束します。

Words & Phrases

□ finish 「終える」

□ ... would be better 「…のほうが良い；ベターだ」

□ doable 「行うことができる」

□ commit to ... 「…を約束する；誓約する」

よく使う定番フレーズ

❶ The sooner the better.「早いほどいいな」

＊「あまり時間がないので早いほうがありがたい」という含みの表現。

これも 使える	**Sooner is better.**	「早いほうがいいな」
	As soon as possible.	「できるだけ早めに」
	As soon as you can get it done.	「可能な限り早くして」

❷ Is that doable?「それって可能かな？」

＊実現可能性をたずねる表現。ビジネスで多く用いられる。

これも 使える	**Is it possible?**	「可能かな？」
	Does it seem doable?	「できそうかな？」

知っておくと便利なフレーズ　★部下に声をかける

● **Have you got the hang of it?**「コツはつかんだかな？」

＊hang「コツ」

● **Don't hesitate to ask.**「たずねることをためらわないで」

＊hesitate「ためらう」

● **Give it your best shot!**「できる限り頑張って！」

＊「君の最高のショットを打て」が直訳。

❺ 上司との会話

A: Boss, **can I get your input?** ❶
ボス、お知恵を拝借したいのですが。

B: Sure. How can I help?
もちろん。どうしたのかな？

A: This vendor keeps contacting me.
この業者が何度も私に連絡をしてきていまして。

B: Do you think they have anything to offer us?
先方は何かうちに提供できるものを持っているのかな？

A: Not sure, but their website seems interesting.
わかりませんが、ウェブサイトはおもしろそうなんです。

B: Contact them. **What have you got to lose?** ❷
コンタクトしてみなさい。損になることなんて何もないだろう？

Words & Phrases

☐ vender 「供給業者」

☐ keeps -ing 「…し続ける」

☐ contact 「連絡を取る；コンタクトする」

☐ offer 「提供する」

☐ website 「ウェブサイト」

よく使う定番フレーズ

❶ **Can I get your input?**「お知恵を拝借できますか？」

＊信頼できる人からアドバイスをもらいたい場面で用いるひとこと。ビジネスでよく使う。

| これも使える | **Can I pick your brain?** | 「お知恵を貸してもらえますか？」 |
| | **Can you give me some advice?** | 「アドバイスをもらえますか？」 |

❷ **What have you got to lose?**「損になることなんて何もないだろう？」

＊「あまり有望でないとしても、やってみる価値はある」「損することはないから、とにかくやってみたら？」と伝えるアドバイスフレーズ。

これも使える	**What's the harm?**	「害はないよ（やってみたら？）」
	Why not go for it?	「とにかくやってみたら？」
	Give it a shot.	「やってみなさい」

知っておくと便利なフレーズ　★上司の話題

● **Our boss always has our back.**「上司はいつも私たちを助けてくれます」

＊ have someone's back「…の力になる；…を助ける；守る」

● **My boss is a natural leader.**「ボスは生まれながらのリーダーなんだよ」

＊ natural leader「生来の指導者」

● **My boss can be a control freak.**「上司は口うるさいときがあるんだ」

＊ control freak「仕切りたがる人；相手をコントロールしたがる人」

❻ PC のトラブル

A: I can't get this program to run on my laptop.
このプログラムが僕のラップトップで動かせないんだ。

B: When did you last upgrade your OS?
OS の最後のアップグレードはいつしたの？

A: **It's been a while. ❶**　Maybe two years ago.
結構前だなあ。たぶん 2 年前。

B: Well, then **it's about time! ❷**
そう、じゃあ、そろそろやらなきゃ！

A: Okay, can you show me how to do that?
そうだね、やり方を教えてくれる？

B: Sure, that's easy!
もちろん、簡単よ！

Words & Phrases

□ run 「動く：作動する」

□ upgrade 「アップグレードする」

□ how to ... 「…の仕方：方法」

よく使う定番フレーズ

❶ **It's been a while.**「結構前だね：しばらくやってないな」

＊長い間何かをしていないときに使うひとこと。友人に長い間会っていないときなどにも
使える。a while は「しばらく」。

> これも
> 使える
> **It's been a long time.**　「ものすごく前だな」
> **It's been quite a while.**　「かなり前だな」

・・

❷ **It's about time!**「そろそろやらなきゃね！」

＊「何かをそろそろやるべきだ：早めにやるべきだ」と伝えたいときに使うフレーズ。
「もう少し早めにやっておくべきだった」というニュアンスを含む。

> これも
> 使える
> **Time to get it done!**　　　「やるべき時期だよ！」
> **Time to get on it!**　　　　「取りかかる時期だよ！」
> **No time like the present!**　「今でしょ！」

知っておくと便利なフレーズ　　★手伝いの表現

● **Do you need any help?**「何か手伝おうか？」

● **Can you give me a hand?**「手伝ってくれる？」

● **Can you handle it on your own?**「自分でなんとかしてくれない？」
　　＊ handle「処理する」

❼ 同僚とのランチ

A: Where shall we go for lunch?
お昼はどこに行く？

B: Do you want to try that vegan place that just opened?
開店したばかりの、あのヴィーガンの店は行ってみたくない？

A: **I'm game. ❶** I need to eat more healthy food.
乗ったわ。私はもっと健康的な食事をする必要があるし。

B: It seems really good, and there's always a line.
すごく良さそうで、いつも行列ができてるの。

A: **That's a good sign. ❷** Let's leave a little early then.
それはいいサインだね。じゃあ、ちょっと早めに出ましょうよ。

B: Good idea!
いいアイデアね！

74

Words & Phrases

□ vegan	「ヴィーガン」
	＊乳製品なども食べない、完全な菜食主義者のこと。
□ healthy	「健康的な」
□ It seems ...	「…のようだ」 ＊推測を表す。
□ line	「行列」
□ sign	「兆候；兆し」

よく使う定番フレーズ

❶ I'm game.「乗ったわ」

＊喜んで参加する気持ちを表す。

> これも使える
>
> **I'm up for that.**　「いいね、そうしよう」
> **I'd be up for that.**　「いいわね」
> **Count me in.**　　　「私も行く」 ＊直訳は「私を数に入れて」

....

❷ That's a good sign.「それはいいサインだね」

＊何かに関して良い兆候が見つかったときに使うひとこと。

> これも使える
>
> **Let's take that as a sign.**　「ヒントとして受け取ろう」

知っておくと便利なフレーズ　　★レストランの話題

● **Have you checked that place out?**「あの店はチェックした？」

＊ check out「調べる：チェックする」

● **We haven't gone there in a whille.**「あそこへはしばらく行ってないね」

● **Everybody's raving about the new place!**

「新しいお店、みんながほめちぎってるよ！」

＊ rave「激賞する」

❽ 連絡先情報

A: **First things first. ❶** Here's my contact information.
忘れないうちにまずは。これが僕の連絡先の情報です。

B: And here's mine, thanks.
で、私のはこちらです、どうも。

A: I see two email addresses. Which one should I use?
メアドが2つありますね。どっちを使うべきでしょうか？

B: In most cases the top one. But I want people to have my private email just in case.
ほとんどの場合は上ので。でも、もしものときのために、私の個人用のメアドを知っておいてもらいたいんです。

A: **Got it. ❷**
そうなんですね。

Words & Phrases

□ Here's ...	「こちらが…です」 ＊相手に物を差し出すときに使う。
□ contact information	「連絡先情報」
□ in most cases	「ほとんどの場合」
□ top	「一番上の；上部の」
□ just in case	「念のために；もしものときのために」

よく使う定番フレーズ

❶ First things first.「忘れないうちにまず」

＊「最初の物事を最初に」が直訳。「大事なことを忘れないうちに先にやっておきましょう」という意味合いの表現。

これも使える
Let's get this out of the way.「これを片づけちゃいましょう」
Let's take care of this first.　「まずこれをやってしまいましょう」

❷ Got it.「そうなんですね」

＊一般的でカジュアルな理解・了解の返事。

これも使える
I see.　　　　「そうですか」
Okay, good.　「そうですか」
Excellent.　　「そうなんですね」

知っておくと便利なフレーズ　　★連絡先を伝える

● **Here's all my contact info.**「これが私の全コンタクト情報です」

● **This goes to me directly.**「これで私に直接連絡できます」

＊ directly「直接；直に」

● **You can get in touch with me here.**「こちらで私に連絡が取れます」

＊ get in touch with ...「…と連絡を取る」

❾ 顧客対応

A: Are you happy with our new product?
新製品にはご満足ですか？

B: **For the most part. ❶**
概ねは（満足です）。

A: Are there any problems?
何か問題でも？

B: Not problems, but things we haven't figured out yet.
問題はないのですが、まだ把握できていないことがあるんです。

A: I'll send our engineering team over. **They'll get you up to speed. ❷**
エンジニアのチームを御社に送ります。彼らがしっかり教えてくれますよ。

B: Thanks.
ありがとうございます。

Words & Phrases

☐ product 「製品」
☐ figure out 「把握する；理解する」
☐ engineering team 「技術者チーム」

よく使う定番フレーズ

❶ **For the most part.**「概ねは（満足です）」

＊概ねの満足や同意を表すが、一部同意できない部分や不満などが残っているニュアンス。

| これも 使える | **On the whole.** | 「概ねは」 |
| | **With a few exceptions.** | 「少しの例外を除いて」 |

❷ **They'll get you up to speed.**「彼らがしっかり教えてくれますよ」

＊「何かがきちんとできるようにしてくれる」→「最新で正確な情報をもった状態にして くれる」という意味のフレーズ。

これも 使える	**They'll set you up.**	「彼らが手配を整えてくれますよ」
	They'll take care of you.	「彼らがなんとかしてくれます」
	They'll start you on your way.	「彼らが独り立ちさせてくれますよ」

知っておくと便利なフレーズ ★顧客／取引先へ

● **The customer comes first.**「お客様第一です」

● **Let us know how we can help you.**
「お手伝いできることをお知らせください」

● **We value your business.**
「お客様／御社とのビジネスを大事に思っております」
＊顧客／取引先への感謝の表現。「ご利用いただきありがとうございます；御社は大事な お客様です」といった意味合いにもなる。business は business with us の略。

❿ 残業

A: How much overtime have you put in this month?
今月はどのくらい残業しているの？

B: Way too much! How about you?
すごくやり過ぎちゃってるよ！ 君は？

A: **I'm in the same boat. ❶**
同じね。

B: Will it start to ease up soon?
すぐに楽になってくるかなあ？

A: **Fingers crossed! ❷** Next month should be easier.
そう願ってるわ！ 来月はもっと楽なはずよ。

B: I hope so!
そう願ってる！

Words & Phrases

☐ overtime 「残業」

☐ put in 「費やす；注ぎ込む」

☐ ease up 「緩和する；和らぐ；減る」

よく使う定番フレーズ

❶ I'm in the same boat. 「同じ状況だよ」

＊直訳は「あなたと同じ船に乗っている」。相手と同じ状況に陥っているときに用いる表現。

| これも使える | **I'm right with you.** | 「あなたとまったく同じだよ」 |
| | **You and me both!** | 「同じだね！」 |

❷ Fingers crossed! 「そう願ってるわ！」

＊指をクロスさせるのは幸運を祈るときの動作。そこからこの英語が I hope so. という意味を表すようになった。

これも使える	**My fingers are crossed!**	「祈ってるわ！」
	Here's hoping!	「願ってるわ！」
	I (sure) hope so!	「(本当に) そう願っているわ！」

知っておくと便利なフレーズ　★残業の話題

● **I've been working crazy hours!** 「超、長時間働いているよ！」

＊ crazy hours 「ものすごく長時間」

● **This schedule is killing me!** 「このスケジュール、まいっちゃうよ！」

＊ kill は「まいらせる；大きな負担になる」といった意味。

● **Just think about the extra money!** 「残業代のことだけ考えようよ！」

⑪ 同僚と飲みに行く

A: **Do you want to grab a beer** after work? ❶
仕事のあとでビール飲みに行かない？

B: Sounds good. Just us two?
いいわね。ふたりだけ？

A: So far. But I can ask others to join.
今のところね。でも他の人にも来ないか、たずねられるよ。

B: **The more the merrier!** ❷　I'll ask some folks as well.
人が多いほど楽しいわよ！ 私も他の人に何人か聞いてみるわ。

A: Why not? It's Friday night.
いいね！ 金曜の夜だしね。

B: Yeah, and we could all use a beer!
うん、みんなビールが飲みたいわよ！

Words & Phrases

☐ so far　　　　　　　　「今のところ」

☐ folks　　　　　　　　「人々」

☐ could use ...　　　　　「…があったらありがたい：…がほしい」

よく使う定番フレーズ

❶ Do you want to grab a beer?「ビール飲みに行かない？」

> ＊ grab は「食べる：飲む」のカジュアルな言い方。ただし、grab は飲み物の場合はビール専用で、ワインやカクテルと組み合わせては使わないので注意。

> これも
> 使える
> **Do you want to grab something to eat?**
> 「何か食べに行かない？」
> **How about going out for some beers?**
> 「ちょっとビール飲みに行くのはどう？」

❷ The more the merrier!「人数が多いほど楽しいよ！」

＊何かのイベントに、たくさんの人に参加してほしい場面で使うひとこと。

> これも
> 使える
> **Let's get a crowd!**　　　　「大勢集めようよ！」
> **Let's make it a party!**　　　「パーティーにしちゃおう！」
> **Everybody's welcome!**　　「誰でも歓迎だよ！」

知っておくと便利なフレーズ　　★飲みに誘う

● **I feel like cutting loose after work!**

「仕事のあと、羽目をはずしたい気分！」

＊ cut loose「羽目をはずす」

● **Do you feel like hitting a bar?**「飲みに行くのはどう？」

＊ hit a bar「飲みに行く」

● **Who all should we invite?**「誰と誰を誘うべきかな？」

⑫ 新オフィスへの移転

A: Everything is packed and ready to go!
全部荷造りが終わって、出発準備完了！

B: **We did it! ❶** The moving vans come at three, right?
やったね！引っ越しのトラックは3時に来るんだよね？

A: Yes. **On the dot. ❷**
うん。きっかりにね。

B: Okay. I'm looking forward to seeing the new place.
よし。新しいオフィスを見るのが楽しみだなぁ。

A: You saw the photos, right?
写真を見ただろ？

B: I did. But that's not the same.
うん。でもそれは同じではないよ。

Words & Phrases

□ packed	「荷造りを終えて」
□ moving van	「引っ越しの大型トラック」
□ look frorward to -ing	「…するのが楽しみだ」
□ be not the same	「同じではない」

よく使う定番フレーズ

❶ We did it!「やったね！」

＊何かが、遂に完了したときに使うひとこと。

これも使える	**We're ready!**	「準備 OK ！」
	We got it done!	「終わったね！」

❷ On the dot.「きっかりにね」

＊ on the dot は「時間きっかりに」という意味。

これも使える	**On the nose.**	「ぴったりにね」
	Right on the dot.	「ちょうど時間ぴったりにね」
	Right on the hour.	「その時刻ちょうどにね」

知っておくと便利なフレーズ　★オフィスの引っ越し

● **Those can all be tossed.**「その辺は全部捨てられるよね」
＊この toss は「不要な物を捨てる」。全部捨てていいか、相手にたずねている。

● **I feel like I need one more day!**「もう１日ほしい感じだね！」
＊何かの準備などで「もう少し時間があればよかったね」という気持ちで使うひとこと。

● **Goodbye, old office!**「古いオフィスよ、さようなら！」

⓭ 新しい仕事

Track 35

A: So, how do you like your new job?
　で、新しい仕事はどう？

B: **So far, so good!** ❶
　ここまではすごくいいわ！

A: **That's good to hear!** ❷　What do you like about it?
　それは良かった！ どんなところが気に入ってるの？

B: Everybody's really nice and easy to talk to.
　みんな優しくて話しやすいのよ。

A: That's great! Communication at work is so
　important.
　それはいいわね！ 職場のコミュニケーションはすごく大事
　だものね。

Words & Phrases

□ How do you like ...?　　「…はどう？」

＊何かについて感想をたずねる表現。

□ communication　　　　「コミュニケーション：意思疎通」

よく使う定番フレーズ

❶ So far, so good!「ここまではすごくいいわ！」

＊何かが現在までとてもうまく行っていると伝えるポジティヴなひとこと。

| これも使える | **Good, so far.**　　　「ここまではいいわよ」 |
| | **Starting off well.**　「いい滑り出しだよ」 |

❷ That's good to hear!「それは良かった！」

＊いい知らせを教えてくれた相手を激励するひとこと。

＊ That's great!「それはいい！：それはすばらしい！」これも That's good to hear! と同じ機能を果たす表現。

これも使える	**I'm glad to hear that.**「それはいいわね」
	I'm so happy for you!「とてもうれしいわ！」
	I'm thrilled for you!　「すごくうれしいわ！」

知っておくと便利なフレーズ　　★新人へ声をかける

● **Are you a newbie?**「あなた、新入り？」

＊ newbie「初心者：新入り」

● **Getting the hang of it?**「コツはわかってきた？」

＊ get the hang「コツがわかる」

● **Are you an expert yet?**「もうエキスパートかい？」

＊冗談っぽく使うフレンドリーな皮肉。

⓮　休暇

A: That break feels like it was over before it began!
休暇は始まりもせず終わっちゃった気がするねえ！

B: I agree. It wasn't enough time to relax.
そうね。のんびりするには時間が足りなかったわ。

A: Anyway, **no use complaining.** ➊
とにかく、文句を言っても仕方ないかな。

B: You're right. I guess it's back to work for us.
そうね。私たちは仕事に復帰だよねぇ。

A: Haha, yep. **Ready or not.** ➋
ハハ、そうだね。準備できていても、できてなくてもね。

B: Definitely NOT!
まったくできてないわ！

Words & Phrases

□ break 「休暇」

□ feel like ... 「…のようだ：…のように感じた」

□ over 「終わった」

よく使う定番フレーズ

❶ **No use complaining.** 「文句を言っても仕方ない」

　＊ no use -ing は「…しても役に立たない」。不満な環境を仕方なく受け入れるときのひとこと。

これも
使える
No sense in complaining.　「文句を言っても意味はないよ」

It's not worth griping about.　「不平を言う価値はないよ」

　＊ gripe「不平を言う」

❷ **Ready or not.** 「準備ができていても、そうでなくてもね」

　＊「（心の準備はどうあれ）やるしかないね」という含みになる表現。次の仕事をスタートするときによく使う。

これも
使える
Like it or not.　「好むと好まざるとに関わらずね」

Whether we're ready or not.　「準備があってもなくてもね」

It's not like we have a choice.　「選択肢はなさそうだしね」

知っておくと便利なフレーズ　　★休憩を取る

● **Take five!** 「小休止しよう！」

　＊「5分休憩を取ろう！」が直訳。

● **Go get yourself a coffee. You've earned it!**

「コーヒー汲んでおいで。もうそのくらい働いたよ！」

　＊ earn ...「…を得るに値する」

● **Break time's over!** 「休憩時間は終わりだよ！」

★仕事

仕事	work 〔一般的〕
	job 〔お金を得る仕事〕
	business 〔売買、経営などに関連する仕事〕
出張	business trip

★役職

社長	president
部長	department manager
従業員	employee
事務員	clerk
秘書	secretary

★社内、オフィス用品

会議室	conference room
報告書	report
書類	document
コンピュータ	computer
コピー機	copier
シュレッダー	paper shredder
電話	telephone
電話をかける	call
電話をかけ直す	call back

★持ち物

名刺	business card
名刺入れ	card case
スマートフォン	smartphone

Chapter 4

帰宅、くつろぐ

❶ テレビを観る

A: Today is the last episode of this season!
今日は今シーズンの最後のエピソードね！

B: Yeah, and they promised a big surprise!
うん、それに大きなサプライズがあるって約束してたよね！

A: I know. **The supsense is killing me!** ❶
そうね。ドキドキして死にそう！

B: I'm excited, but I hope it won't be a letdown.
ワクワクするけど、がっかりさせないでほしいね。

A: It won't be. **You can count on that!** ❷
しないわよ。そこは大丈夫！

B: Well, we'll find out.
うん、まあ観てみよう。

Words & Phrases

□ episode　「エピソード：（ドラマなどの）話」
□ season　「（ドラマなどの）シーズン」
□ letdown　「期待はずれ」

よく使う定番フレーズ

❶ **The suspense is killing me!**「ドキドキして死にそう！」

＊何かの成り行きや結末を早く知りたい場面のわくわく感やドキドキ感を伝えるひとこと。

> これも使える
>
> **I can't stand the suspense!** 　「ハラハラに耐えられない！」
> **I'm on pins and needles!** 　「ハラハラするわ！」

❷ **You can count on that!**「それは大丈夫だよ！」

＊「あなたはそれを当てにしていい」が直訳。「それが起こるのは確実だ」と相手に伝える表現。

> これも使える
>
> **You can be sure!** 　「確実だよ！」
> **Rest assured!** 　「安心していていいよ！」
> **I guarantee you! / I guarantee it!** 　「（それは）保証するわ！」

知っておくと便利なフレーズ　　★番組を観る

● **It's about to start.**「そろそろ始まるよ」

● **Pause it!**「ポーズにして！：止めて！」

＊ポーズボタンで画面を停止してほしいときに使う。

● **What did I miss?**「何か見逃したかな？」

＊トイレや宅配などで席を外して戻ったときに使う表現。

❷ 夕食の準備（1）

Track 38

A: What to make for dinner tonight ... **decisions, decisions.** ❶

今日の夕飯は何を作ろうかなぁ…どうしようかなあ。

B: Haha. What do you often make?

ハハ。よく作るものは何なの？

A: I tend to cook a lot of pasta. Not very imaginative.

私はパスタを多く作りがちね。（私）あまり独創的じゃないのよね。

B: That's okay. Pasta's always a crowd pleaser.

大丈夫だよ。パスタはいつだって、みんなを喜ばせてくれるものさ。

A: **You'd be surprised.** ❷ I've got a family of very picky eaters.

あなた、意表を突かれるわよ。私にはすごく食べ物にうるさい家族がいるの。

Words & Phrases

☐ imaginative 「独創的な：想像力豊かな」

☐ crowd pleaser 「大衆受けする物：人」

☐ picky eater 「食べ物を選り好みする人」

よく使う定番フレーズ

❶ Decisons, decisions.

「何にしようかなあ？：どうしようかなあ？」

＊複数の選択肢から何かを決めるときによく使うひとこと。

これも使える
What to do?　　　　「どうしようかな？」
It's tough to decide.　「決められないなあ」

・・

❷ You'd be surprised.

「意表を突かれるかもね：案外そうでもないかも」

＊直訳は「あなたは驚くでしょう」。「予想していることとは違っていて、驚かされるかもしれないよ」と伝えるひとこと。

これも使える
Not necessarily.　　　　　「必ずしもそうとは限らないわよ」
The truth might surprise you.　「実は驚くかも」

知っておくと便利なフレーズ　　★夕食の時間

● **What are you in the mood for?**「何が食べたい気分？」

　＊ be in the mood for ...「…の気分だ」

● **Supper's ready!**「夕飯ができたわよ！」

● **Come and get it!**「（ご飯ができたから）食べにおいで！」

❸ 夕食の準備 (2)

A: What's something I haven't made in a while?
しばらく私が作ってないものって何かしら？

B: Hmmm ... let me think. How about risotto?
うーん…待ってね。リゾットはどうかな？

A: **That could work.** ❶   Let me see what we have.
それはいけるかもね。何があるか、見てみるわ。

B: I think we have a lot of mushrooms.
マッシュルームがたくさんあると思うよ。

A: Mushroom risotto sounds good. **Done deal!** ❷
マッシュルームリゾットはいいわね。決まりね！

Words & Phrases

□ Let me ... 　　　　「僕に／私に…させて」

□ risotto 　　　　　「リゾット」

□ what we have 　　「あるもの」

　　　　　　　　　　＊ここでは食材に何があるか確認している。

□ mushroom 　　　　「マッシュルーム」

よく使う定番フレーズ

❶ **That could work.**「それはいけるかもね」

　＊相手の提案にほぼ同意できるときの返事。

これも使える	**That might work.**	「いいかも」
	That should work.	「いけるはずね」
	That has possibilities.	「可能性はあるわね」

❷ **Done deal!**「決まりね！」

　＊直訳は「終わった交渉」。何かの結論が出て決まった場面で使うひとこと。

これも使える	**It's decided!**	「決まったわね！」
	That's a winner!	「それでいこう！」
	＊ That's the best choice! と同じ。	

知っておくと便利なフレーズ　　★料理をする

● **Go easy on the salt!**「お塩は控えめにしてね！」

　＊ go easy on ...「…を控える」

● **It could use a dash of pepper.**「コショウをちょっと入れるといいかも」

　＊ a dash of ...「少量の…；…を少々」

● **Do you make it from scratch?**「一から全部作るの？」

　＊ from scratch「一から；最初から」

❹ 家事の手伝い

A: I could use a little more help around here.
こっちで、もうちょっと手助けがあると助かるわ。

B: Okay, what can I do?
いいよ、何ができる？

A: Well, for one thing it would be nice if you would volunteer before I ask you.
えーとね、まず第一に、私が頼む前に自発的にやってくれたらうれしいわ。

B: **Say no more. ❶** Can I help you get dinner ready?
わかったからさ。夕食の準備を手伝えるかな？

A: **That's more like it! ❷** How about slicing the potatoes?
良くなってきたわね！ ジャガイモをスライスするのはどう？

B: Sure thing!
いいとも！

Words & Phrases

□ I could use ...	「…があると助かる」
□ for one thing ...	「まず第一に…：ひとつには…」
□ volunteer	「進んで引き受ける：自発的に申し出る」
□ slice	「薄切りにする」
□ Sure thing!	「もちろん！：いいとも！」

よく使う定番フレーズ

❶ Say no more.「わかったからさ」

　＊直訳は「もうそれ以上言うな」となる。自分が理解していて、進んで手伝う気構えができていることを表すひとこと。

> | これも
使える | **I've got it now.** | 「もうわかってるから」 |
> |---|---|---|
> | | **That's all you need to say.** | 「もうそれくらいでいいよ」 |

- -

❷ That's more like it!「良くなってきたわね！：その調子よ！」

　＊直訳は「それは、よりそれっぽい」。相手の態度や行動が自分の言葉によって変化し、良くなったときに使うひとこと。

> | これも
使える | **That's the spirit!** | 「その調子よ！」＊ spirit「気構え」 |
> |---|---|---|
> | | **That's what I'm talking about!** | 「それでいいのよ！」 |
> | | **That's what I want to hear!** | 「それが聞きたかったの！」 |

知っておくと便利なフレーズ　　★手伝う、分担する

● **Give me a hand with this.**「これ手伝って」

● **That'll be your job.**「それはあなたの仕事よ」
　＊仕事の分担を伝えるときに用いられるひとこと。

● **Stop putting it off!**「後回しにしないで！」
　＊先延ばしにしそうな人に向かって急かす言い方。

❺　味見

A: Come over here for a second.
ちょっとこっちに来てよ。

B: Sure, what is it?
うん、どうしたの？

A: Try this. **Does it need anything?** ❶
これ試してみて。何か足りないかな？

B: Hmm ... well it is a little bland.
うーん…ちょっと味が薄いね。

A: **I was afraid of that.** ❷　What do you think I should add?
それを心配していたの。何を足すべきだと思う？

B: Maybe some oregano and paprika?
たぶん、オレガノとパプリカを少々かな？

Words & Phrases

□ What is it?　　　「どうしたの？」
　　　　　　　　　＊呼ばれた相手に何の用かをたずねるひとこと。
□ bland　　　　　　「味の薄い；味がほとんどない」
□ add　　　　　　　「加える」

よく使う定番フレーズ

❶ **Does it need anything?**「何か足りないかな？」

　＊直訳は「それには何か必要ですか？」。味見をしてもらうときによく使うフレーズ。

　| これも
使える | **What do you think this needs?**　「何が必要だと思う？」
Would you add anything to this? |

　　「あなたなら、これに何か加える？」

❷ **I was afraid of that.**「それを心配していたんだ」

　＊自分のネガティヴな予想が的中したときに使う表現。

　| これも
使える | **I thought the same thing.**　　「僕も同じこと思ってた」
That's what I thought too.　　「僕も思ってたことだ」 |

　　That's what I was afraid of.　「それを恐れていたんだ」

知っておくと便利なフレーズ　　★味見してもらう

● **Have a taste of this!**「これ味見してみて！」
　＊ taste「味」

● **Try a sip of this.**「ちょっと飲んでみて」
　＊ sip「飲み物をちょっとすすること」

● **Give me your opinion on this.**「これについて意見をちょうだい」
　＊食べ物などの味を見てもらいたいときに使う。

❻ 夕食をとる

A: Wow, this looks delicious!
うわあ、これはおいしそう！

B: It better be! It took three hours to make!
そうじゃなきゃ困るわ！ 作るのに 3 時間もかかったんだから！

A: **You didn't have to go to all that trouble. ❶**
そこまでしてくれなくてもよかったのに。

B: I usually don't, but this recipe looked fun.
いつもはしないけど、このレシピが楽しそうだったの。

A: We should definitely have some wine with this.
絶対にこれと一緒にワインを飲む必要があるね。

B: **There's an idea! ❷**
それはいいアイデアね！

Words & Phrases

☐ It better be! 　　「そうじゃなきゃ困るわ！：ダメなのよ！」

　＊ここでは、It had better be delicious. の短縮。「それはおいしくないと困ったことになる」
　が直訳。had better ... で「…しないと困ることになる」。

☐ recipe 　　　　「レシピ」

☐ definitely 　　　「絶対に：確実に」

よく使う定番フレーズ

❶ You didn't have to go to all that trouble.

「そこまでやらなくてもよかったのに」

＊自分のために懸命にやってくれた人への感謝の言葉。

> これも
> 使える
> **You shouldn't have!** 「そんなことまでしなくてもよかったのに！」
> **That wasn't necessary.** 「そんな必要はなかったのに」

❷ There's an idea! 「いい考えね！」

＊誰かの提案に賛成するときのカジュアルな返事。

> これも
> 使える
> **Good idea!** 　　　「いいアイデアね！」
> **That's the idea!** 　「それはいい考えね！」
> **That's a winner!** 　「それはいいわ！」
>
> ＊ winner「優れもの：成功しそうな物事」

知っておくと便利なフレーズ　★食卓で

● **Don't stuff yourself!** 「食べ過ぎないでね！」

　＊ stuff「おなかいっぱいに詰め込む：食べる」

● **Be careful not to spill!** 「こぼさないように注意してね！」

● **Slow down and enjoy it!** 「慌てないで、ゆっくり楽しみましょう！」

　＊ガツガツしている人に「味わって食べましょう」と伝えるときに使う。

❼ ペットとのくつろぎ

A: Your dog is so friendly!
君の犬は人なつっこいねえ！

B: **To put it mildly! ❶**　I hope he's not bothering you.
控えめに言えばね！ あなたの手を煩わせてなければいいけど。

A: Not at all. He's adorable!
全然。かわいいよ！

B: Some people freak out when he starts jumping all over them.
その子が周囲で飛び跳ね始めるとビックリしちゃう人もいるわ。

A: Not me. I grew up with dogs.
僕は大丈夫。犬と一緒に育ったから。

B: **That makes a difference. ❷**
そこで違いが出るわよね。

Words & Phrases

□ friendly 「人なつっこい」
□ bother 「困らせる；面倒をかける」
□ freak out 「ビックリする；面食らう」
□ grow up 「成長する」

よく使う定番フレーズ

❶ To put it mildly! 「控えめに言うとね！」

＊相手の言葉が控えめな発言であることを示す表現。

これも使える
That's putting it mildly!　「それは控えめな発言よね！」
That's an understatement!　「それは控えめな言葉よね！」

＊ understatement「控えめな発言」

❷ That makes a difference. 「そこで違いが出るわよね」

＊何かの理由が理解できたときのひとこと。ここでは相手が犬に驚かない理由が理解でき、納得している。

これも使える
That makes all the difference.　「そこが全然違うわよね」
That explains it.　　　　　　　「それでなんだね」
Now I understand.　　　　　　　「それでか」

知っておくと便利なフレーズ　★ペットとふれ合う

● **That's a good boy!** 「いい子だ！」
＊ペットに向かって使うひとこと。以下も同じ。

● **Aren't you a sweetie!** 「いい子だね！」
＊ほめ言葉。You're a sweetie, aren't you? と同じ。

● **Come here, precious!** 「かわい子ちゃん、こっちにおいで！」
＊ precious「かわいい子」。小さな子供や赤ん坊、動物に対して使う。

❽ 入浴

A: It's been a long day. I need to soak!
長い一日だった。お風呂に浸からなきゃ！

B: Oh yeah! A bath sounds perfect!
うん、そうだね！ お風呂は最高だよね！

A: I'll get the water ready.
湯船の準備をするわね。

B: No, no. You stay right there. **Leave everything to me.** ❶
ダメダメ。君はそこにいて。全部、僕に任せてよ。

A: Ah, you're sweet. Can you make sure we have fresh towels too?
ああ、優しい。新しいタオルの準備もちゃんとしてくれる？

B: **Consider it done!** ❷
任せといて！

Words & Phrases

☐ soak	「浸かる」
☐ perfect	「最高の；理想的な」
☐ get ... ready	「…を準備する」
☐ water	「水」 ＊ここでは「湯船に張るお湯」のこと。
☐ sweet	「優しい」
☐ Can you make sure ...	「確実に…してくれる？」

よく使う定番フレーズ

❶ Leave everything to me.「全部、僕に任せておいて」

＊相手は何もしなくていいと伝える優しいひとこと。

> これも使える
> **Leave it all to me.** 「全部任せて」
> **I'll take care of everything.** 「僕が全部やるよ」

‥‥‥‥‥‥‥‥‥‥‥‥‥‥‥‥‥‥‥‥‥‥‥‥‥‥‥‥‥‥‥‥‥‥‥‥

❷ Consider it done!「任せといて！；大船に乗ったつもりでいて！」

＊相手の要求や依頼に快く応えるひとこと。直訳は「それは終わったものと考えて！」。

> これも使える
> **It's as good as done.** 「任せて」
> **As you wish!** 「お望み通りに！」
> **Say no more!** 「わかってるよ！」
> ＊「もう言わなくていいよ」が直訳。

知っておくと便利なフレーズ ★お風呂の時間

● **The water is perfect now!**「お湯の温度はもうバッチリよ！」

● **I need a good long soak!**「すごくゆっくり浸からなきゃ！」
＊ good long「かなり長い」

● **Don't stay in too long.**「あまり長く浸からないでね」

107

❾　スマホのチェック

A: Were you texting?
ショートメールしてたの？

B: No, just checking the news.
いや、ニュースをチェックしてただけよ。

A: Oh. **Anything interesting?** ❶
そう。何かおもしろいのあった？

B: Not really. When I say 'news' it's really mostly celebrity gossip.
それほどでも。私の場合、ニュースと言うと、ホントはほぼセレブのゴシップなのよ。

A: Haha! **I'm glad it's not just me!** ❷
ハハ！　私だけじゃなくてよかったわ！

B: Well, regular news is pretty boring.
そうね、普通のニュースはかなり退屈だものね。

Words & Phrases

☐ text 「ショートメールを打つ」

☐ celebrity 「セレブ」

☐ gossip 「うわさ話」

☐ regular 「普通の；通常の」

よく使う定番フレーズ

❶ Anything interesting?「何かおもしろいのあった？」

＊ニュースを見たり新聞を読んだりしている人によくする質問。

これも 使える	**What's going on?**	「何が起こってる？」
	What's interesting these days?	「最近は何がおもしろいの？」

❷ I'm glad it's not just me!「私だけじゃなくて良かったわ！」

＊ちょっと恥ずかしい自分の習慣などを相手が暴露したときによく使うフレーズ。

これも 使える	**I'm relieved it's not just me.**	「私だけじゃなくて安心したわ」
	Glad I'm not the only one.	「私ひとりじゃなくて良かった」
	Glad to hear it's not just me.	「私だけじゃなくてうれしいわ」

知っておくと便利なフレーズ　★ネットの話題

● **Have you seen the latest?**「最新のニュースを見た？」

＊ latest「最新ニュース」

● **That sounds bogus!**「それってフェイクっぽいね！」

＊ bogus「偽の；インチキの」

● **This is a hot topic!**「これはホットな話題だ！」

❿ ソーシャルメディア

A: Hang on just a second. My friend is texting me.
ちょっと待ってね。友達からショートメールが来てる。

B: It seems like you spend a lot of time on social media.
SNS にかなり時間を使ってるみたいだね。

A: I'm sorry. That was rude of me.
ごめんなさい。私、不躾だったわね。

B: **It's no biggie. ❶**   I just try to avoid social media,
personally.
大したことないよ。僕はただ個人的に SNS は避けるようにしてるんだ。

A: That's probably very wise of you. I waste so much time.
おそらくそれってかなり賢いことよね。私は時間をかなりムダに
してるわ。

B: **As long as it makes you happy. ❷**
君がハッピーならいいんだよ。

Words & Phrases

□ hang on 「待つ」

□ rude 「失礼な：不躾な」

□ I just try to ... 「ただ…しようとしている」

□ avoid 「避ける」

□ personally 「自分としては：個人的には」

よく使う定番フレーズ

❶ It's no biggie. 「大したことじゃないよ」

＊相手の謝罪などに対して「問題ないよ：大したことないよ」と伝える返事。

> これも使える
>
> **It's not a big deal.** 「大したことではないよ」
>
> **No biggie.** 「大したことない」
>
> **No harm done.** 「何も問題ないよ」
>
> ＊「何も害はなされていない」が直訳。

- -

❷ As long as it makes you happy. 「君がハッピーならいいんだよ」

＊相手の習慣などに関して評価せず、「自分の好きにするのが一番だ」と伝えたいときに使うひとこと。

> これも使える
>
> **As long as you're happy.** 「君がいいなら」
>
> **As long as it makes you feel good.** 「君の気分がいいのなら」

知っておくと便利なフレーズ　　★ SNS で

● **I found you!** 「あなたを発見！」

＊ SNS で互いを探しているときなどに使えるフレーズ。

● **Time for a selfie!** 「自撮りタイム！」

＊ selfie は「自撮り」という意味。

⑪ 電話での会話

A: We've been going at it for over an hour.
もう１時間以上、続けて話してるね。

B: **Time flies!❶**   I guess we should get off the phone, huh?
時間が経つのは早いわね！ 電話を切るべきだよね？

A: Yeah. There's probably stuff around here I need to do.
うん。たぶん家でやらなきゃいけないこともあるしね。

B: Ha ha, me too.
ハハ、私も。

A: **I'll let you go, then.❷**   Let's talk soon.
じゃあ、解放してあげるわ。またすぐに話しましょう。

B: For sure!
もちろんよ！

Words & Phrases

□ go at it 「何かに取り組む」
□ get off the phone 「電話を切る」
□ stuff 「物事」

よく使う定番フレーズ

❶ Time flies!「時間が経つのは早いね！」

＊直訳は「時間は飛んで行く」。時間が早く経過したと感じたときに使う表現。

> これも
> 使える
>
> **Time goes by so fast!**　　「すごく早く時間が経つね！」
> **I can't believe how time flies!**
> 「時間の経過が早くて信じられない！」
> **Where does the time go?**　「時間はどこに行っちゃったの？」

❷ I'll let you go (,then).「（じゃあ）解放してあげるわ」

＊直訳は「私はあなたを去らせる」。電話での長い会話を終えるときによく使われるひとこと。

> これも
> 使える
>
> **I guess I'll let you go.**「そろそろ解放してあげなきゃかな」
> **You should probably get on with your day.**
> 「たぶんもうあなたは、自分の用事をやるべきね」
> ＊「もう電話を切って、自分の一日に戻るべきね」と伝える表現。

知っておくと便利なフレーズ　　★電話で話す

● **How the heck are you?**「調子はどう？」
　＊ How are you? のくだけた言い方。

● **Don't be a stranger!**「連絡してね！」
　＊直訳は「他人にならないで！」。

● **Catch you later!**「またね！」

⓬ 就寝時間

A: **Time to hit the hay!** ❶
寝る時間だ！

B: I didn't realize it had gotten so late.
こんなに遅くなってたの、気づかなかったわ。

A: Yeah, this evening kind of just disappeared.
うん、今晩はなんだか消えてなくなっちゃった感じだね。

B: I'm not really tired. I think I'll watch TV for a bit.
私はそんなに疲れてないわ。ちょっとテレビを観ようかな。

A: **Suit yourself.** ❷ I'm going to bed.
ご自由にどうぞ。僕はベッドに入るね。

B: Good night.
おやすみ。

Words & Phrases

□ realize 「気づく」
□ disappear 「消える」
□ I think I'll ... 「…しようと思う」

よく使う定番フレーズ

❶ **Time to hit the hay!** 「寝る時間だ！」

＊ hit the hay は「干し草にぶつかる」が直訳。古い言い回しだが、現代でもよく使われている。

| これも使える | **Time for bed!** 「ベッドに入る時間だ！」
Time to catch some z's. 「睡眠時間だ」 |

＊ z's で「睡眠」を表す。zzz「グーグー」という、いびきの表現に由来。

❷ **Suit yourself.** 「ご自由にどうぞ」

＊自分は違うけれど、相手のやることに反対ではないといった場面で使うひとこと。

| これも使える | **Fine with me.** 「かまわないよ」
That's fine by me. 「僕はかまわないよ」
Don't let me stop you. 「どうぞどうぞ」 |

＊直訳は「僕に君を止めさせないで」。

知っておくと便利なフレーズ ★眠くなったとき

● **I'm ready to conk out.** 「寝落ちしちゃいそう」

＊ conk out 「意識を失う；眠る」

● **I can barely keep my eyes open!** 「もう目を開けてられないよ！」

＊ barely ... 「かろうじて…」

● **Beddy-bye time!** 「おやちゅみの時間でちゅよ！」

＊ beddy-bye は子供に向かって使う「おやすみ」。大人にも冗談ぽく使う。

★家、部屋

家	house〔建物〕、home〔家族の住んでいる所〕
居間	living room
家具	furniture
本棚	bookshelf
テレビ	television
チャンネルを変える	turn/change the channel
エアコン	air conditioner
暖房	heater
部屋の電気	room light

★キッチン、浴室

キッチン	kitchen
流し台	sink
蛇口	faucet
食堂	dining room
浴室	bathroom
浴槽	bathtub
タオルかけ	towel rack

★就寝

寝室	bedroom
寝る	go to bed〔床に就く〕
	sleep〔寝入る〕
寝入る	fall asleep
ベッドを整える	make one's bed
寝ないで起きている	stay up
目覚し時計をセットする	set the alarm clock

Chapter 5

家事、用事、
近所づきあい

❶ スーパーでの買い物

A: **I feel like I'm forgetting something.** ❶
何か忘れている気がするなぁ。

B: Maybe milk or butter?
たぶん牛乳かバターかなあ？

A: No, no, I checked both. **We're good.** ❷
いえ、違うわ、どちらもチェックしたから。大丈夫なの。

B: Didn't you make a list?
リストは作らなかったの？

A: Yeah, but I feel like I left something off.
ええ、でも何かを入れ忘れている気がするの。

B: Well, let's go through the aisles again.
じゃあ、通路をもう1周しようか。

Words & Phrases

☐ leave something off　　　「何かを入れ忘れる；除外する」

☐ go through ...　　　　　　「…を通り抜ける」

☐ aisle　　　　　　　　　「通路」＊ここでは「（スーパーの）通路」のこと。

よく使う定番フレーズ

❶ I feel like I'm forgetting something. 「何か忘れている気がするなぁ」

＊何かを見落としたり忘れていたりする気がする場面で使う、非常に一般的なひとこと。

> | これも
使える | **I feel like I'm leaving something out.**
「何かを抜いちゃってる気がするわ」
I'm pretty sure I've forgotten something.
「きっと何かを忘れてるわ」 |

❷ We're good. 「大丈夫なの」

＊「何かが十分ある」「気がかりな点ではない」と伝えるひとこと。

> | これも
使える | **We're fine on that.**　「それは大丈夫よ」
That's covered.　　「それは入れたわ」
＊「それはカバーできてる」→「それは買い物カゴに入れた」という意味。
I'm good, thanks.　「大丈夫、いらないわ」
＊相手に「それは買わなくていい」と伝える表現。 |

知っておくと便利なフレーズ　　★品物を選ぶ

● **Let's get some vino.** 「ワインを買いましょう」

＊ vino = wine「ワイン」

● **That's a good deal!** 「あれ、お買い得ね！」

● **Grab some cukes.** 「キュウリを取って」

＊ cukes = cucumbers「キュウリ」

新規開店の店へ

A: Is this your first time here?
　ここは初めてなの？

B: Yep. How about you?
　うん。君は？

A: Second. I came here the day of the opening.
　2回目よ。開店当日にここに来たの。

B: Wow, **it must have been packed!** ❶
　へえ、混み混みだったに違いないね！

A: It was. Probably three times as crowded as today.
　うん。おそらく今日の3倍混んでたわ。

B: **I bet!** ❷
　そうだろうねえ！

Words & Phrases

☐ opening 「開店」

☐ ... times as crowded as ～ 「～の…倍混雑した」

よく使う定番フレーズ

❶ It must have been packed! 「混み混みだったに違いないね！」

　＊ packed は「すし詰めの：混み合った」という意味。

これも使える
I bet it was packed! 「きっと混み混みだったろうね！」
I bet it was nuts! 「大変な騒ぎだったに違いないね！」
　＊ nuts「気の狂った：狂気の沙汰の」
It must have been jam-packed! 「人で埋まってたに違いないね！」
　＊ jam-packed「満員の：いっぱいに詰まった」

❷ I bet! 「そうだろうねえ！：そうに違いないね！」

　＊直訳は「私は賭ける！」。「賭けてもいいほど確信している」という含みで、強い確信や同意を表す。

これも使える
I can imagine! 「そうだろうね！」
I can hardly imagine! 「想像もできないわ！」
　＊すごさが想像を超えているときに使う表現。

知っておくと便利なフレーズ　　★買い物をする

● **I'm a shopaholic!** 「私、買い物大好き人間なの！」
　＊ shopaholic「買い物中毒の」

● **I'm all shopped out!** 「買い物しすぎてヘロヘロだよ！」
　＊ shop out は「買い物のしすぎで疲れ果てる」という意味。

● **Let's shop till we drop!** 「倒れるまで買い物しましょう！」
　＊ till we drop「倒れるまで」

❸ 洗濯

A: I did two loads of laundry today.

今日は洗濯機 2 杯分の洗濯をしたのよ。

B: Did we lose any socks this time?

今回は靴下いくつか無くなってる？

A: **Very funny!** ❶　Actually, they haven't been sorted yet.

超おもしろいわね！ 実は、まだ分けてないんだ。

B: **I can take a hint.** ❷　Let me do that.

何が言いたいか、わかる。それ僕にやらせて。

A: Thank you. So you can see if we lost any socks!

ありがとう。それなら靴下が無くなってるかどうか、あなたにわかるものね！

B: Ha ha!

ハハ！

Words & Phrases

☐ two loads of laundry	「2 杯分の洗濯物」
☐ sort	「仕分ける：分類する」
☐ you can see if ...	「…かどうかわかる」

3
洗
濯

よく使う定番フレーズ

❶ **Very funny!** 「超おもしろいわね！」

＊実際は相手の皮肉がおもしろくない場面で使う。皮肉に皮肉を返すひとこと。

> これも使える
> **Aren't you funny?** 「おもしろいなあ！」
> **Aren't you clever?** 「お利口さんだなぁ！」
> **Wise guy!** 「賢いなあ！」
>
> ＊すべて皮肉の込もった表現で、意味は逆になる。

❷ **I can take a hint.** 「何が言いたいか、わかるよ」

＊直訳は「私は、ほのめかし（ヒント）を受け取ることができる」が直訳。相手がやってほしそうなことなどがわかっているときに使うひとこと。

> これも使える
> **I got your hint.** 「わかってるわよ」
> **Say no more.** 「もう言わなくてもわかるから」

知っておくと便利なフレーズ　★洗濯する

● **This goes in with the whites.** 「これは白物のほうね」

＊白いもの（whites）と暗い色のもの（darks）などに洗濯物を分類するときに使う。

● **This shirt is filthy!** 「このシャツ不潔よ！」

＊ filthy は「不潔な：汚い」。「シャツが汚いから洗濯が必要だ」という意味。

● **The stain didn't come out.** 「シミが取れなかったわ」

＊ stain「シミ」

❹ 掃除

A: My place needs cleaning, but I keep putting it off.
家は掃除が必要なのに、いつも先延ばしにしちゃうのよね。

B: **Tell me about it!** ❶　My house is a mess.
よくわかるわ！ 家なんて、ひっちゃかめっちゃかだし。

A: Cleaning is something I just can't get into.
掃除って、ただ単に熱意が湧かないものなのよね。

B: Yeah, me neither. I'm the same way.
うん、私も。同じだわ。

A: Well, **no more excuses!** ❷　This weekend is for cleaning!
さて、もう言い訳してられないわ！ 今週末は掃除しなくちゃ！

Words & Phrases

□ cleaning　　　「掃除」

□ put off　　　　「先延ばしにする」

□ mess　　　　　「散乱；混乱」

□ get into　　　　「熱意が湧く」

よく使う定番フレーズ

❶ Tell me about it! 「よくわかるわ！；そうだよね！」

＊他人の不平不満に共感できる場面で使う同意のフレーズ。

| これも使える | **I heard that!**　　　　「そうよね！」 |
| | **I know the feeling!**　「気持ちわかるわ！」 |

❷ No more excuses! 「もう言い訳してられないわ！」

＊先延ばしにしていたことをやると決意した場面で使うひとこと。

これも使える	**No excuses!**　　　　　　　　　「言い訳はダメね！」
	I'm done procrastinating!　「先延ばしは終わりよ！」
	Enough talking!　　　　　　　「口先だけなのは十分よね！」

＊やると言葉で言いながら引き延ばし続けていて、それがもう十分だということ。

知っておくと便利なフレーズ　　★散らかった部屋で

● **What a mess!** 「ものすごい散らかりようね！」

● **How did this place get so dirty?** 「ここはどうしてこんなに汚いの？」

● **Where does all this dust come from?**
「このすごい埃、どこから来たのよ？」
＊ dust「埃」

❺　宅配の受け取り

A: Here's a package for you.
　お荷物です。

B: **Oh goody!** ❶　I've been waiting for this.
　ああ、やった！ これを待ってたの。

A: You just need to sign for it. Do you need a pen?
　サインをするだけでいいですよ。ペンは必要ですか？

B: Nope. I've got my own. Sign here, right? Anything else?
　いや。自分のがあるので。ここにサインですね？ 他には？

A: That's it. **You're all set.** ❷　Thank you.
　それでいいです。完了です。ありがとうございました。

Words & Phrases

□ package 「小包：宅配の荷物」

□ You just need to ... 「…するだけでかまいません」

□ sign 「署名する」

□ Nope. 「いや」＊カジュアルな否定の返事。

よく使う定番フレーズ

❶ **Oh goody!** 「ああ、やった！」

＊喜びを表すカジュアルな表現。男性よりも女性が多く用いる。

これも使える	**Yay!**	「やった！」
	Nice!	「やったね！」
	Oh, sweet!	「ああ、うれしい！」

❷ **You're all set.** 「すべて完了です」

＊すべての手続が終わって、相手を解放する場面で使われるひとこと。

これも使える	**That does it.**	「それで大丈夫です」
	That's everything.	「それで全部です」
	That takes care of it.	「それでかまいません」

知っておくと便利なフレーズ　★宅配業者とのやりとり

● **Can you hold on a second?** 「ちょっと待ってもらえますか？」

● **Where do I sign?** 「どこにサインしますか？」

● **I have the exact amount.** 「ぴったりの料金です」

＊代引きの際に現金を支払う場面で使えるひとこと。

❻ ガーデニング

Track 54

A: You must have a green thumb.
あなたは園芸の才能があるに違いないわね。

B: Hardly! **I'm flattered❶**, though.
そんなことないわ！ でも、光栄よ。

A: No, seriously! I wish I could get my roses to grow like that.
いいえ、真剣に言ってるのよ！ 私も家のバラをそんなふうに育てられたらなあ。

B: Do you want me to come and take a look at your garden?
行ってお宅の庭のバラを見てあげましょうか？

A: **Would you?❷** That would be super!
いいの？ それはうれしいわ！

B: No problem.
大丈夫よ。

128

Words & Phrases

☐ green thumb　　　　　「園芸の才能」

☐ flattered　　　　　　「光栄に思って」

☐ seriously　　　　　　「真剣に」

☐ I wish I could ...　　　「…できたらなあ」＊仮定法の表現。

よく使う定番フレーズ

❶ **I'm flattered.**「光栄だわ」

＊相手のほめ言葉への感謝を示すときに使うひとこと。

> これも
> 使える
> **I'm very flattered to hear that.**　「それはすごく光栄だわ」
> **I must say that's flattering.**　「それはすごくうれしいわ」
> ＊ flattering「喜ばせる」

❷ **Would you?**「いいの？：そうしてくださる？」

＊相手の好意に甘えるときに使えるひとこと。

> これも
> 使える
> **Could you?**　　　　「いいの？」
> **Would you really?**　「ホントに？」
> **Would it be okay?**　「大丈夫なの？」

知っておくと便利なフレーズ　　★庭の手入れ

● **These weeds are getting out of control!**

「雑草が手に負えなくなってきてるわ！」

＊ out of control「手に負えない状態の」

● **You have a green thumb!**「あなた、園芸の才能があるわ！」

❼ 天気の話題

A: What do you think of this weather?
このお天気どう思う？

B: **You can have it!** ❶
私は遠慮したいわ！

A: Ha ha, I know what you mean. I hope it warms up soon.
ハハ、わかるわ。すぐに暖かくなるといいねえ。

B: All this rain and cold and wind is getting me down.
この雨や寒さや風で、気が滅入っちゃうのよね。

A: **That's natural.** ❷ Weather definitely affects moods.
それは当然よ。お天気は確実に気分に影響するわよ。

130

Words & Phrases

☐ weather 「天気；天候」
☐ warm up 「暖かくなる」
☐ get ... down 「…の気を滅入らせる」
☐ affect 「影響する」
☐ mood 「気分；心理状態」

よく使う定番フレーズ

❶ You can have it! 「私は遠慮したいわ！」

＊直訳は「それは、あなたにあげるわ」。ユーモア混じりに嫌いだと伝える表現。

これも使える	**I'm sick of it!** 「飽き飽きしてるわ！」
	Who needs it? 「誰だって嫌よ！」

❷ That's natural. 「それは当然よ」

＊相手の言っていることが「当然だ；自然なことだ」と伝えるひとこと。

これも使える	**That's perfectly natural.** 「完全に自然なことだよ」
	That's completely normal. 「完璧に普通よ」
	That's normal in this situation. 「この状況なら普通だよ」

知っておくと便利なフレーズ　　★いろいろな天気

● **Drink up that sunshine!** 「よくお日さまを浴びてね！」

＊ drink up の直訳は「飲み干す」。

● **Try to stay dry!** 「濡れないようにしてね！」

＊ stay dry は「乾いた状態を保つ」が直訳。

● **Don't blow away!** 「飛ばされないで！」

＊風の強い日によく使うユーモラスな表現。

❽ 友人に会う

A: Lindsey?
リンジー？

B: Kaitlin! Hi! I'm sorry. I nearly walked right past you.
ケイトリン！ あら！ ごめん。もうちょっとで通り過ぎるところ
だったわ。

A: It's okay. **I'm glad I ran into you!** ❶
大丈夫。ばったり会えてうれしいわ！

B: Me too! Actually, **I've been meaning to get in touch.** ❷
私も！ 実は、連絡しようと思ってたの。

A: Do you have any time now?
今、時間ある？

B: Maybe thirty minutes. Shall we get a coffee?
おそらく30分ほどなら。コーヒーでも飲みましょうか？

Words & Phrases

□ nearly ...　　　　「もう少しで…するところ」

□ actually　　　　「実は」

□ Shall we ...?　　「…しましょうか？」

よく使う定番フレーズ

❶ **I'm glad I ran into you!** 「ばったり会えてうれしいわ！」

　＊知り合いに偶然出会った場面で使う。

> これも
> 使える
>
> **It's nice running into you!** 「あなたにばったり会えてよかった！」
> **This is a nice coincidence!** 「すてきな偶然ね！」
> **Fancy meeting you here!** 「ここであなたに会うなんて！」
>
> ＊ fancy -ing「…なんて驚きだ」

❷ **I've been meaning to get in touch.** 「連絡しようと思ってたの」

　＊偶然出会った人などに「実は話がしたかった：連絡しようと思ってた」などと伝えるひとこと。have been meaning to ... は「ずっと…するつもりだった」。get in touch は「連絡を取る」。

> これも
> 使える
>
> **I've been planning to call you.** 「電話しようとしてたの」
> **You've been on my mind these days.**
> 「最近あなたのこと考えてたの」

知っておくと便利なフレーズ　★友人・知人に会う

● **Long time no see.** 「久しぶり」

　＊直訳は「長い間会ってない」。

● **I (almost) didn't recognize you!**
　「気づかなかった！：もうちょっとで気づかないところだった！」

❾ 犬の散歩

A: **I know that look!** ❶   Somebody wants a walk.
その表情わかるわよ！ 誰かさんがお散歩したがってるわね。

B: Ha ha, yes. I can do it.
ハハ、そうだね。僕が連れて行けるよ。

A: No, actually I want to. **I could use the fresh air.** ❷
いや、実は私行きたいのよ。新鮮な空気が吸いたいの。

B: Me too. Shall we go together?
僕もさ。一緒に行こうか？

A: That's a nice idea. Come on, baby!   〔to the dog〕
いいわね。ほら、おいで！〔犬に向かって〕

Words & Phrases

□ walk　　　　　「散歩」

□ actually　　　　「実は」

□ baby　　　　　「お前；あなた」

＊夫婦間や恋人同士で相手を呼ぶ言い方。この場面のようにペットに向かっても使える。

よく使う定番フレーズ

❶ I know that look!「その表情わかるわよ！」

＊ペットに向かってよく使う表現。相手の気持ちや考えがわかると伝える言い方。人間に使うことも可能。

これも使える	**I recognize that look!**　「その表情、気づいたわよ！」
	I know what you want!　「やりたいことはわかるわよ！」

❷ I could use the fresh air.「新鮮な空気が吸いたいの」

＊散歩やお遣いなどに出るときによく使われる表現。could use ... は「…があるとうれしい」という意味。

これも使える	**I need some fresh air.**　　　　「新鮮な空気が必要なの」
	I need to get some sunshine.　「ちょっと太陽を浴びたいの」
	I could use the exercise.　　　「運動したいのよ」

知っておくと便利なフレーズ　　★散歩中

● **You come back here!**「こっちに戻って！」

● **Do your business!**「用を足して！」

＊犬に向かってウンチ（poop）をするように伝えるひとこと。

● **Does he bite?**「噛みつきますか？」

＊他人のペットに近づく前に使えるひとこと。

❿ 郵便局で

Track 58

A: Do you want to send this by express mail?
こちらは速達で送りたいですか？

B: **There's no rush. ❶** Regular mail is fine.
急ぎじゃないんです。普通郵便でかまいません。

A: Then it should arrive in a couple days.
では数日で届くと思います。

B: Perfect! **What's it come to? ❷**
大丈夫です！ おいくらですか？

A: Let me weigh it. It comes to $25.80.
重さを量らせてください。25 ドル 80 セントになります。

B: That much?
そんなにですか？

Words & Phrases

□ express mail 　　　「速達郵便」
□ regular 　　　　　　「通常の」
□ ... is fine 　　　　　「…でかまいません」
□ come to ... 　　　　「（金額・値段が）合計で…になる」
□ weigh 　　　　　　　「重さを量る」

よく使う定番フレーズ

❶ There's no rush.「急いでいません」

＊何かを急ぎでやる必要がない場面で使われるひとこと。

これも使える	**There's no hurry.**	「急ぎじゃないんです」
	I'm in no hurry.	「急いでいません」
	It isn't urgent.	「至急ではないんです」

❷ What's it come to?「おいくらですか？」

＊ What's = What does。値段をたずねるときの最も一般的なひとこと。

| これも使える | **What's the charge?** | 「料金はいくらですか？」 |
| | **How much is it?** | 「いくらですか？」 |

知っておくと便利なフレーズ　★発送を依頼する

● **Can I send it COD?**「着払いで送れますか？」

＊ COD = cash on delivery「代引き；着払い」

● **This needs to go express.**「速達にする必要があります」

＊ express「速達で」

● **When will it arrive?**「いつ到着しますか？」

⑪ 銀行で

A: Is this the right line to deposit a check?
これは小切手を預ける列ですか？

B: No, sorry. It's that one over there.
いいえ、違いますよ。それはあちらの列になります。

A: **I had a hunch!** ❶　Thanks.
そんな予感がしてたんです！ありがとう。

B: No problem. Anything else?
大丈夫です。他に何かございますか？

A: I can just show my driver's license for ID, right?
身分証明には、ただ運転免許証を見せるだけで大丈夫ですよね？

B: Yep. **That'll do the trick.** ❷
ええ。それで大丈夫です。

Words & Phrases

□ deposit	「預ける」
□ check	「小切手」
□ I can just ..., right?	「…するだけでいいんですよね？」
□ ID	「身分証明（書）」
□ Yep.	「はい」＊ Yes. のくだけた言い方。

よく使う定番フレーズ

❶ **I had a hunch!**「そんな予感がしてたんです！」

＊ hunch は「予感；直感；虫の知らせ」といった意味。

> **これも使える**
> **I had a feeling!**　　　　　「そんな気がしてたんです！」
> **I had a hunch I was wrong!**　「違うって気がしてたんです！」

❷ **That'll do the trick.**「それで大丈夫です」

＊「それで要求を満たしていますよ」という意味を伝えるフレンドリーなひとこと。
do the trick は「芸をする；トリックを行う」が直訳。

> **これも使える**
> **That'll do it.**　　　　　「それで OK です」
> **That'll get it done.**　　「それでできますよ」
> **That's all you need.**　「それだけでかまいません」

知っておくと便利なフレーズ　　★手続きカウンターへ

● **Who do I see about a loan?**「ローンはどこに行けばいいですか？」

● **Am I in the right line?**「私は正しい列にいるのでしょうか？」

● **I prefer small bills.**「小額紙幣にしてください」

＊「高額紙幣」は large bill と表現。

単語5 家事、用事、近所づきあい

★洗濯

洗濯機	washing machine
洗濯物	laundry
洗剤	detergent
乾燥機	dryer
衣類	clothes
洗濯ばさみ	clothespin
干す、掛ける	hang

★掃除

掃除をする	clean up
掃除機	vacuum cleaner
掃除機をかける	vacuum
ゴミ箱	garbage can
ゴミ	garbage
雑巾	rag
拭く、拭き取る	wipe

★家

玄関	entrance
カギ	key
カギをかける	lock
カギを開ける	unlock
郵便受け	mailbox
庭	garden/yard
ベランダ	balcony
階段	stairs

Chapter 6

週末、休日

① 目覚まし時計

Track 60

A: Oh, that sound! 〔alarm clock sound〕
あっ、あの音！〔目覚まし時計の音がしている〕

B: **You know what that means! ❶**
どういうことだか、わかってるわよね！

A: I know, I know. Just five more minutes.
わかってる、わかってる。あと5分だけだよ。

B: Okay, but don't let us both fall back asleep.
いいわ、でもふたりがまた寝落ちしないようにしてね。

A: Don't worry. Five minutes, I promise.
心配ないよ。あと5分って約束するから。

B: **I'm counting on you. ❷**
当てにしてるわよ。

Words & Phrases

□ don't let us ...　　　　「私たちに…させないで」

□ fall back asleep　　　　「眠りに戻る」

□ worry　　　　　　　　「心配する」

□ promise　　　　　　　「約束する」

よく使う定番フレーズ

❶ You know what that means!「あれがどういうことか、わかるよね！」

  ＊明らかにその意味を理解できることが起こっているときに使うひとこと。It's April, you know what that means. Time to prepare taxes.「4 月になったということは、わかるよね。税金の準備をする時期だよ」のようにも使える。

これも 使える	**You know the deal!**　　　「わかるわよね！」
	You know the routine!　「わかってるよね！」

❷ I'm counting on you.「頼りにしてるわよ」

  ＊もう一方の相手を頼りにしているときに使う表現。「頼んだわよ」という日本語に近いニュアンス。

これも 使える	**I'm depending on you.**　　「頼りにしてるからね」
	I'm leaving it up to you.　「あなたに任せたからね」

知っておくと便利なフレーズ　　★もう少し眠る

● **Let me snooze a bit!**「ちょっとだけ眠らせて！」

  ＊ snooze は「うたた寝する；居眠りする」という意味。

● **I need to catch a few more z's.**「もうちょっと寝る必要があるよ」

  ＊ z's は寝ているときのいびきの音を表し、「睡眠」の意味になる。

● **Turn that thing off!**「あれ止めてちょうだい！」

  ＊ that thing は、この場合「目覚まし時計」のこと。イライラした気持ちが含まれる。

❷ 起床

A: Wow! I overslept!
うわっ！ 寝過ごしちゃった！

B: It's Saturday. **You can sleep in ❶** if you want.
今日は土曜日だよ。そうしたいなら、もっと寝てもいいんだよ。

A: Today I plan to do some gardening.
今日はちょっとガーデニングする予定なの。

B: But it's only seven o'clock. **What's the rush? ❷**
でもまだ7時だよ。何で慌ててるのさ？

A: You're right. I guess I'll sleep another hour.
そうよね。もう1時間寝ようかしら。

B: Why not? That's what weekends are for.
そうだよ。そのために週末があるんだから。

Words & Phrases

☐ oversleep 「寝過ごす：寝坊する」

☐ I guess ... 「なんとなく…だと思う；…かな」

☐ another hour 「もう1時間」

☐ Why not? 「もちろん！：ぜひそうしなよ！」

よく使う定番フレーズ

2
起床

❶ You can sleep in.「朝寝していいんだよ」

＊「通常よりも長くベッドで寝る」＝「朝寝する」という意味になる表現。週末や休日によく使うフレーズ。oversleep との違いに注意。

これも
使える
I slept in all morning!　「午前中ずっと寝ちゃったよ！」
I'm looking forward to sleeping in tomorrow.
「明日はゆっくり寝るのが楽しみだよ」

❷ What's the rush?「何を慌ててるの？」

＊時間の余裕がなさそうだと思っている人に、まだ余裕があるから慌てずゆっくりしたほうがいいと勧めるフレーズ。

これも
使える
What's the hurry?　「何を急いでるの？」
What's your hurry?　「何で急いでるのさ？」
There's no rush.　「慌てることはないよ」

知っておくと便利なフレーズ　★起こすとき

● **Rise and shine!**「起きて、朝だよ！」
＊誰かを起こすときのひとこと。

● **Up and at 'em!**「さっさと起きてね！」
＊ 'em は them の略。「起きて、それらに取りかかれ！」が直訳。

● **Don't oversleep!**「朝寝坊はしないで！」

❸ 身じたく

A: I need to get dressed in a hurry.
急いで身じたくしなきゃ。

B: **I keep telling you!** ❶　Pick out your clothes the night before.
いつも言ってるじゃん！ 洋服は前の日の夜に選んでおきなって。

A: Not everybody is as organized as you.
みんながあなたみたいにきちんとしてないのよ。

B: I'm not that organized. I just don't like being rushed in the morning.
僕はきちんとしてるわけじゃなくて、朝に慌てるのがイヤなだけなんだよ。

A: **That's smart!** ❷
それって賢いわよね！

Words & Phrases

□ in a hurry 「急いで」

□ pick out 「選び出す」

□ organized 「しっかりした：きちんとした」

□ I just don't like ... 「…が嫌いなだけなんだ」

□ be rushed 「急かされて」

□ smart 「賢い」

よく使う定番フレーズ

❶ I keep telling you!「いつも言ってるでしょ！」

＊同じことを何度言っても言うことを聞かない子供などに向かって使われるフレーズ。

> これも使える **I'm always telling you!** 「いつも言い続けてるでしょ！」
> **Why do I have to keep telling you?**
> 「どうして言い続けなきゃならないの？」

❷ That's smart!「それって賢いわ！」

＊相手の考えや行動に対して尊敬の念を伝えたいときに用いられるフレーズ。

> これも使える **That's clever!** 「賢いね！」
> **That's good thinking!** 「いいアイデアだね！」

知っておくと便利なフレーズ　★服を着る

● **That looks great on you!**「すごく似合ってるよ！」

● **Straighten your tie!**「ネクタイ、まっすぐにして！」

● **Does this match?**「これってマッチしてる？」

＊シャツとネクタイ、あるいはマフラーとブラウスなどが合っているかどうか、たずねるフレーズ。

❹ お化粧

A: **You are taking forever!** ❶
いつまでかかるのさ！

B: I'll be out in a second.
すぐ出るから。

A: What are you doing in there, anyway?
とにかく、そこで何してるんだよ？

B: My make-up, of course.
もちろん、お化粧よ。

A: Well, **hurry up, okay?** ❷　I need to get ready too!
あのさあ、急いでよ、わかった？　僕だって準備しなきゃなんだから！

B: It will take less time if you stop bothering me!
あなたが邪魔するのをやめたら、もっと早く終わるわよ！

Words & Phrases

□ in a second 「すぐに」
□ make-up 「化粧」
□ get ready 「準備する」
□ bother 「邪魔をする；困らせる」

よく使う定番フレーズ

❶ You are taking forever!「いつまでかかるんだよ！」

＊直訳は「君は永遠の時間をかけている！」。何かに時間がかかっていて迷惑な場面で使うフレーズ。とても誇張の強い言い方だが、とてもよく使われる。

これも使える **What's taking so long?!**　「何に時間がかかってるのさ?!」
Are you going to be in there forever?
「そこに永遠にいるつもりなの？」

❷ Hurry up, okay?「急いでよ、わかった？」

＊誰かを急かしたいときに使うひとこと。やや上から目線だが、非友好的な言い方ではない。

これも使える **Would you please hurry?**　「急いでもらえる？」
Can't you hurry up?　　　「急げないの？」
Can you speed it up?　　　「スピード上げてくれる？」

知っておくと便利なフレーズ　　★化粧品・髪型の話題

● **Is that blush a new shade?**「その頬紅、新色なの？」
＊ blush「頬紅」 shade「色合い；色調」

● **I'm obsessed with this lipstick color!**「このリップの色にハマってるの！」
＊ obsessed「…に夢中の」

● **Oh, I like your new hair style!**「あら、あなたの新しい髪型いいわね！」

❺　アミューズメントパーク

A: **We made it!❶**　Fantasy Island!
やっと着いたね！ ファンタジーランドだ！

B: Yes, and I'm glad we got here early.
そうだよ、それに早く着いてよかった。

A: Yes, there's already a long line.
ね、もう長蛇の列だよ。

B: I want to ride all the rides!
乗り物全部に乗りたいな！

A: Even the 'Demon Tunnel?' **No thanks!❷**
「悪魔のトンネル」でも？ それはごめんだよ！

B: Come on! Don't be a wimp!
しっかりして！ 弱虫はダメだよ！

Words & Phrases

- □ fantasy 「空想：夢想」
- □ ride 「（遊園地の）乗り物」
- □ demon 「悪魔：悪霊：鬼」
- □ Come on! 「しっかりして！：元気出してよ！：がんばってよ！」
- □ wimp 「弱虫：意気地なし」

よく使う定番フレーズ

❶ We made it! 「やっと着いたね！」

＊長旅の末、ある場所に到着したときに使う。到着に予想より時間がかかった場合にも用いられる。

| これも使える | We're here! | 「到着だ！」 |
| Here we are! | 「着いたね！」 |

❷ No thanks! 「それはごめんだよ！」

＊自分にそれを行う勇気がないときに「それはごめんだ」「それはやめておくわ」といった意味合いで使う。バンジージャンプなどを恐れるときにも使える。

これも使える	I'll pass!	「私はパス！」
Not for me!	「私はダメ！」
Count me out!	「私は遠慮するわ！」

知っておくと便利なフレーズ　　★いろいろ乗ってみる

● **This is a blast!** 「これ楽しい！」
　＊ blast「楽しいこと：楽しい経験」

● **I'm beat!** 「ヘトヘトだよ！」
　＊いろいろと楽しんで、1日の終わりにヘトヘトになったときなどに使う。

● **Let's take a breather.** 「ひと息つこうよ」

151

❻　電車の旅

Track 65

A: Do we need to transfer pretty soon?
もうすぐ乗り換えが必要なの？

B: Not for a few more stations. You can sleep some more.
あと数駅は大丈夫。もうちょっと寝ていいよ。

A: I'm done sleeping! **Are we almost there?** ❶
もう寝るのはいいわ！ もうそろそろ着くの？

B: Still about three more hours to go.
まだ３時間くらい先だよ。

A: That long? **I hope my stomach can hold out!** ❷
そんなに？ お腹がもってくれるといいけど！

Words & Phrases

☐ transfer 「乗り換え」

☐ a few more ... 「あといくつかの…」

☐ some more 「もうちょっと」

☐ be done -ing 「…をし終える」

☐ almost 「ほとんど」

☐ stomach 「お腹」

電車の旅

よく使う定番フレーズ

❶ Are we almost there? 「もうそろそろ着くの？」

＊旅の途中でよく使われるひとこと。

| これも使える | **How much longer?** 「どのくらいかかるの？」 |
| **How much further?** 「どのくらい遠いの？」 |

---

❷ I hope my stomach can hold out!

「お腹がもってくれるといいけど！」

＊ hold out「もちこたえる」

これも使える
I'm starting to get hungry. 「お腹が空いてきたわ」
I need to eat soon. 「そろそろ食べなきゃ」
I need to snack on something. 「何か摘まなきゃ」

＊ snack on「間食・軽食を食べる」

知っておくと便利なフレーズ ★列車の中で

● **Let's switch seats.** 「座席を交換しましょう」

● **I want to look outside.** 「外が見たいわ」

● **Wake me up when we get there.** 「着いたら、起こしてちょうだい」

❼ ドライブ

A: **Get your camera out! ❶**
カメラを出して！

B: Okay. Why?
いいよ。なんで？

A: **You'll see. ❷** Just around this curve ...
今にわかるよ。ちょうどこのカーブを曲がるとね…

B: Oh, wow! What a spectacular view!
あら、うわ〜！ なんて壮大な景色なの！

A: Every time I see it, I'm blown away!
見る度に、圧倒されるんだよ！

B: I hope I took a good shot!
いい写真が撮れてるといいな！

Words & Phrases

□ curve	「カーブ」
□ spectacular	「壮大な」
□ Every time ...	「…する度に」
□ be blown away	「圧倒される：ぶっ飛ばされる」
□ shot	「写真：スナップ」

7

ドライブ

よく使う定番フレーズ

❶ Get your camera out! 「カメラを出して！」

＊シャッターチャンスを相手に伝えるときによく使うひとこと。

これも
使える

Get your camera ready!　「カメラの用意して！」

You don't want to miss this shot!

「この写真は逃したくないと思うよ！」

❷ You'll see. 「今にわかるよ」

＊直訳は「あなたはわかるだろう」。相手に期待をもたせたいときに使えるフレーズ。

これも
使える

Just wait.	「待っていて」
You'll find out.	「今にわかるから」
You'll know soon enough.	「すぐにわかるよ」

知っておくと便利なフレーズ　★ドライブ中

● **I'm a little car sick.** 「ちょっと車酔いしたわ」

＊ car sick「車酔い」。road sick とも言える。

● **How are we for gas?** 「ガソリンはどう？」

＊ガソリンの残量をたずねる表現。

● **When's the next stop?** 「次はいつ停めるの？」

＊次に停められる場所をたずねる表現。

❽　バーベキュー

A: Steaks are on!
ステーキ焼いてるよ！

B: Yay! Save some for me!
やった！ 僕の分も取っておいて！

A: **Sure thing.❶**　How do you like your steak?
もちろん。焼き方はどうする？

B: Medium-rare, I guess.
ミディアムレアかな。

A: Okay, this one will be for you.
いいわ、こっちのが、あなたね。

B: Ooh, **I can taste it already!❷**
オー、おいしそう！

Words & Phrases

☐ ... is/are on 「…が上に載っている」

☐ save 「取っておく：残しておく」

☐ How do you like ...? 「…はどんなふうにしたい？」

☐ medium-rare 「ミディアムレア」

よく使う定番フレーズ

❶ **Sure thing.**「もちろん」

＊相手の頼みに「もちろん、いいよ」と答えるカジュアルな表現。

| これも 使える | **My pleasure!** 「喜んで！」 |
| **You got it.** 「大丈夫よ」 |

❷ **I can taste it already!**「おいしそう！」

＊直訳は「既にそれを味わうことができる！」。料理をとても楽しみにしている気持ちが伝わるひとこと。

| これも 使える | **That looks so good!** 「すごくおいしそう！」 |
| **That smells delicious!** 「おいしそうな匂い！」 |
| **My mouth is watering!** 「よだれが出てるよ！」 |

知っておくと便利なフレーズ　　★皆で食べる、飲む

● **Who needs another beer?**「ビールのお替わりがいる人は？」

● **Who likes well-done?**「誰かよく焼いたのが好きな人いる？」

＊肉や野菜を長く焼いたものを食べたい人がいるか、確認する表現。

● **Somebody take over the grill.**「誰かグリルを変わって」

＊グリルで焼いている人が自分も食事をするために、他の人に変わってもらいたいときに使うひとこと。take over は「引き継ぐ」。

❾ スイーツ作り

A: I feel like baking today.
今日はベーキングがしたいな。

B: **That's a super idea! ❶** I'll help.
すごくいいアイデアだね！ 手伝うよ。

A: **I'm counting on you. ❷** So, brownies or muffins?
頼りにしてるわ。で、ブラウニーがいい？ それともマフィン？

B: Hmmm ... tough decision. But I'll take muffins.
う〜ん…難しい決断だね。でもマフィンにするよ。

A: Muffins it is! We have blueberries in the freezer.
マフィン、決まりね！ 冷凍庫にブルーベリーがあるわ。

B: Yummy!
おいしそう！

Words & Phrases

□ bake	「(パン・ケーキなどを) 焼く」
□ brownie	「ブラウニー」＊ナッツ入りのチョコレートケーキ。
□ decision	「決断」
□ I'll take ...	「僕は…を選ぶよ」
□ Muffins it is!	「マフィン、決まりね！」＊決定したことを強調する言い方。

9

スイーツ作り

よく使う定番フレーズ

❶ That's a super idea! 「すばらしいアイデアだね！」

＊相手の提案に大賛成するひとこと。強い熱意が感じられる。

これも使える	**Great idea!**	「すごいアイデアだ！」
	That's a fantastic idea!	「すばらしいアイデアだね！」
	What a great idea!	「なんていいアイデアなんだ！」

❷ I'm counting on you. 「頼りにしているわ」

＊相手の助力や協力を当てにしていると伝えるひとこと。

これも使える	**I'm counting on it.**	「当てにしてるわ」
	I was hoping you would.	「やってくれるのを期待してたわ」

知っておくと便利なフレーズ　　★甘いものを食べる

● **Yum-yum!** 「おいしそう！」

● **I've got a sweet tooth!** 「僕は甘党なんだ！」

＊直訳は「私は甘い歯を持っている」。これで「甘党だ」となる。

● **Don't spoil your dinner!**

「(甘いものを食べすぎて) 夕食を台無しにしないでね！」

❿ ジム

A: When did you join this gym?
このジムにはいつ入ったの？

B: Last month. I need to get fit.
先月よ。シェイプアップする必要があるの。

A: Well, **you've come to the right place!** ❶
へえ、じゃあ、ぴったりな場所に来たわね！

B: It's time to shed some extra pounds.
余分な体重を何ポンドか減らす時期なのよ。

A: Nothing wrong with your body, girl!
あなたのカラダ、何も問題ないわよ！

B: **Are you kidding?** ❷ I could stand to lose around 5 kilos!
そんなわけないでしょ！ 私は5キロ減量すべきだわ。

Words & Phrases

□ fit 「カラダの調子が良い：コンディションの良い」
□ shed 「取り除く：落とす」
□ pound 「ポンド」＊重さの単位。
□ Nothing wrong with ... 「…で悪いところなど何もない」
　　　　　　　　　　　　＊ There's が省略されている。
□ could stand to ... 「…したほうがいい：…すべきだ」

よく使う定番フレーズ

❶ You've come to the right place!「ぴったりの場所に来たわね！」

＊その場所がその目的にとって最高の場所である場面で使う。

> これも使える **You're where you need to be!**
> 「あなたは必要な場所にいるわね！」
> **This is just the place for you!**
> 「ここはあなたにぴったりの場所よ！」

❷ Are you kidding?「冗談でしょ？：そんなわけないでしょ？」

＊相手の言葉がまったく間違っていると思ったときに使えるフレーズ。

> これも使える **You've got to be kidding!**　「冗談でしょ！」
> **Give me a break!**　　　　　「冗談はやめてよ！」

知っておくと便利なフレーズ　　★ジムで

● **You look so fit!**「君はすごく健康そうだね！」

● **No pain, no gain!**「努力なしには何事も成し得ないよ！」
＊ pain「痛み」

● **Just a few more reps!**「あともうちょっと続けて！」
＊ rep「反復運動」。コーチからの言葉。

⑪ ヨガ

A: Looks like you're off to yoga practice.
ヨガのトレーニングに出かけるようね。

B: **Sure am!❶** Best part of my week!
そうそう！ 私にとって１週間で一番のイベントよ！

A: I quit a few years ago. Maybe I should pick it up again.
私は数年前にやめたの。また始めるべきかもね。

B: **What are you waiting for?❷** It's good for the body and the mind.
すぐに始めなさいよ。ヨガはカラダにも心にもいいわよ。

A: You're right. I guess I just got lazy.
そうね。私、単に怠け者だったのかも。

162

Words & Phrases

☐ be off to ...　　　「…に出かける」

☐ practice　　　　「練習；稽古」

☐ quit　　　　　　「やめる」

☐ pick up　　　　　「再び始める」

☐ lazy　　　　　　「怠惰な；無精な」

11

ヨガ

よく使う定番フレーズ

❶ **Sure am!**「そうそう！：その通り！」

＊「その通りだ」と伝えるときの、熱の籠もったシンプルな応答。

| これも使える | **Bingo!** | 「正解！」 |
| | **Right you are!** | 「そうよ！」 |

❷ **What are you waiting for?**「すぐに始めなさいよ」

＊直訳は「何を待っているの？」だが、実際は「早く始めなさいよ」と相手にアドバイスするひとこと。

| これも使える | **What's stopping you?** | 「どうしてやらないの？」 |
| | **No time like the present!** | 「今でしょ！」 |

知っておくと便利なフレーズ　　★ヨガにチャレンジ

● **This is a tricky pose!**「これは難しいポーズね！」

＊ tricky「コツが必要な」

● **You're so flexible!**「あなた、すごく柔軟だね！」

＊ flexible「柔軟な」

● **Let me catch my breath!**「ひと息つかせて！」

＊ catch one's breath「息を整える：ひと息つく」

⓬ 習い事のクラス

A: Is the photography class full?
この写真撮影のクラスはいっぱいですか？

B: Nope. We still have some spaces.
いいえ。まだ空きがありますよ。

A: Oh good! **Sign me up ❶**, please.
ああ、よかった！ 私を入れてください。

B: Sure will! Do you have any photography experience?
もちろん！ 何か写真撮影の経験はありますか？

A: I'm a complete beginner!
完璧な初心者なんです！

B: That's fine. **You'll be a a pro in no time! ❷**
かまいませんよ。すぐにプロになれますよ！

Words & Phrases

□ photography 「写真撮影（の技術）」
□ space 「空き；余裕」
□ Sure will! 「もちろん！」＊主語の I が省略されている。
□ experience 「経験」

よく使う定番フレーズ

❶ Sign me up.「私を入れて」

＊何かに参加したいときの、熱意の感じられるひとこと。Count me in. も同じ意味で使える。

> これも使える
> **I'd like to sign up.** 「入りたいです」
> **I've decided to sign up.** 「入ることに決めました」

❷ You'll be a pro in no time!「すぐにプロになれますよ！」

＊初心者を励ますフレンドリーなひとこと。

> これも使える
> **You'll learn fast!** 「すぐに身につきますよ！」
> **You'll do fine!** 「うまくいきますよ！」
> **Before long, you'll be an expert!**
> 「すぐにエキスパートになりますよ！」

知っておくと便利なフレーズ　★習い事、カルチャー教室

● **I'm psyched about joining!**「参加することにワクワクです！」
＊ psyched「興奮した」

● **This course is just the thing for you!**
「このコースはあなたにおあつらえ向きですよ！」
＊ just the thing for you「まさにあなた向きのもの」

● **This is so new to me!**「これは、まったくの未経験です！」

⑬　結婚式でのおしゃべり

A: Are you on the bride or the groom's side?
あなたは新婦側ですか、それとも新郎側？

B: The groom's. We're cousins.
新郎側ですね。僕らは従兄弟なんです。

A: Oh, nice. Me and the bride were roomies.
あら、すてき。私と新婦はルームメートだったんです。

B: **Awesome!** ❶　She looks amazing today!
すばらしい！ 彼女、今日はすごくきれいですね！

A: Yeah. And **I'm so happy for her!** ❷
ええ。それに私もとてもうれしいんです！

B: My cousin is a lucky guy!
従兄弟はラッキーですよ！

166

Words & Phrases

☐ bride 「新婦」

☐ groom 「新郎」

☐ roomie 「ルームメート」

☐ lucky guy 「運のいい人」

よく使う定番フレーズ

❶ **Awesome!**「すばらしい！」

＊ポジティヴな返事としてよく使う。

これも 使える	**Fantastic!**	「すばらしい！」
	Great!	「すごい！」
	Cool!	「いいね！」

----

❷ **I'm so happy for her/you!**「私もとてもうれしいんです！」

＊誰かにいいことがあったときに、その喜びを共有するひとこと。for のあとにいいことがあった人物を入れて用いる。

| これも
使える | **I'm thrilled for you!** | 「私もうれしいわ！」 |
| | **I couldn't be happier for her!** | 「最高にうれしいわ！」 |

＊「これ以上うれしくなることはできないだろう」が直訳。

知っておくと便利なフレーズ　★祝福する

● **It's a lovely ceremony!**「すてきな式ですね！」

● **They're a gorgeous couple!**「ふたりはすてきなカップルだね！」

＊ gorgeous「魅力的ですばらしくすてきな」

● **She looks radiant!**「彼女、輝いてるね！」

＊ radiant「光り輝く；光を放つ」

同窓会

A: How long has it been?
どのくらいになるかな？

B: I'm guessing it must be eight or nine years.
たぶん8年か9年になるかもねぇ。

A: Wow, time flies! **You haven't changed a bit!** ❶
うわぁ、時間が経つのは早いねぇ！ 君はちっとも変わってないね！

B: Oh, please. All these wrinkles disagree!
あら、やめてよ。この顔のシワが違うって言ってるわ！

A: Not at all. Anyway, **fill me in.** ❷　What have you been doing?
そんなことないよ。とにかく、いろいろ聞かせて。君はどうしてたの？

B: Where to start?
どこから話そう？

Words & Phrases

☐ I'm guessing ...　　　　「…かなぁ」

☐ wrinkles　　　　　　　「シワ」

☐ disagree　　　　　　　「同意しない」

よく使う定番フレーズ

❶ You haven't changed a bit!「ちっとも変わってないね！」

＊長く会っていなかった人の容貌や性格がまったく変わっていない場面で使うひとこと。

これも 使える	**You're exactly the same!**	「まったく変わらないね！」
	You're the same as ever!	「これまでと変わらないね！」
	It's like you haven't even aged!	「年も取ってなさそうだね！」

- -

❷ Fill me in.「いろいろ教えて」

＊ fill in は「詳しく教える」。会わない間に相手に何が起こったのか知りたいときに使う。

これも 使える	**Catch me up.**	「私の知らないことを全部教えて」
	＊ catch up「情報・近況などを知る；聞く」	
	We need to catch up.	「いろいろ教えてもらわなきゃね」

知っておくと便利なフレーズ　　★久しぶりの再会

● **Hi, stranger!**「やあ、久しぶり！」

＊ stranger は「他人；見知らぬ人」。ここでは知っている人物に向かって使っている。「長らくまったく見かけなかった人」のことを stranger と表現している。

● **Let me drink you in!**「たっぷり君の話を聞かせてよ！」

＊ drink in「(熱心に) 聞き入る；見とれる」

● **You're a sight for sore eyes!**「会えてうれしいよ！」

＊ a sight for sore eyes は直訳すると「痛い目にとってのすばらしい景色」。つまり「見るとうれしいもの」ということ。これもしばらく会わなかった人に使う。

⑮　風邪を引く

A: I think I'm coming down with a cold.
僕、風邪を引きかけてると思うんだ。

B: **Oh dear! ❶**　What are your symptoms?
あら、まあ！ 症状はどうなの？

A: My head and throat both hurt. And I'm worn out.
頭痛と喉の痛みの両方。それに疲れがどっと出てる。

B: **Sounds like a cold, all right. ❷**　You need to rest.
やっぱり風邪みたいね。休む必要があるわね。

A: Yeah, I think I'll go sleep some more.
うん、もうちょっと寝ようと思ってる。

B: Good idea. And drink a lot!
いい考えね。そしてたくさん水分を取ってね！

Words & Phrases

☐ come down with ...　「…の病気に罹る」
☐ cold　「風邪」
☐ symptom　「症状」
☐ throat　「喉」
☐ be worn out　「くたくたに疲れている」

よく使う定番フレーズ

❶ **Oh dear!**「あら、まあ！」

＊良くない知らせを聞いて、同情を示す場面で使うひとこと。

これも使える	**Oh no!**　「あら、まあ！」
	That's too bad!　「それは大変！」
	That's not good!　「それは良くないわね！」

❷ **Sounds like a cold, all right.**「やっぱり風邪みたいね」

＊ all right は相手の推測を確認するフレーズ。日本語の「やはり；やっぱり」などに当たる。

これも使える	**Sounds to me like a cold.**　「風邪みたいね」
	That sure sounds like a cold.　「確かに風邪のようね」

知っておくと便利なフレーズ　★風邪に注意

● **There's a cold going around.**「最近、風邪が流行ってるね」
　＊ go around「流行する」

● **Don't spread it!**「移さないでよ！」
　＊ spread「蔓延させる；撒き散らす」

● **Stay in bed!**「ベッドに入っていてね！」

⓰ 兄弟間の競争

A: Why do you always take his side?
　どうしていつもあいつの肩をもつの？

B: **Where did you get that idea?❶** I don't!
　なんでそうなるのよ？ もってないわよ！

A: You love him more than me!
　お母さんは私よりあいつのほうを愛してるんだわ！

B: **Don't be silly! ❷** I love you just as much as your brother!
　バカなこと言わないで！ 兄さんと同じだけあなたも愛してるわよ！

A: I still think he's your favorite!
　それでもあいつのほうを気に入ってると思うわ！

B: Nonsense!
　ナンセンスだわ！

Words & Phrases

☐ take someone's side 「…の味方をする」
☐ silly 「バカげた：愚かな」
☐ nonsense 「バカげた考え：ナンセンス」

よく使う定番フレーズ

❶ **Where did you get that idea?** 「なんでそうなるのよ？」

＊相手の言葉がまったくバカげている、バカバカしいと思える場面で使うひとこと。

| これも使える | **What are you talking about?** 「何の話をしているのよ？」 |

Where did you pick up that idea?

「それはどこで思いついた考えなのよ？」

❷ **Don't be silly!** 「バカなこと言わないで！」

＊愛情の籠もった叱責のひとこと。何かに関して相手が間違っていると諭すひとこと。

| これも使える | **Don't talk nonsense!** 「ナンセンスな話をしないで！」 |

Give me a break! 「冗談はやめて！」

Oh, come on! 「もう、どうしてそうなるの！」

知っておくと便利なフレーズ　★親子の会話

● **You've always been a Daddy's Girl.**

「君はいつもパパのお気に入りだったよ」 ＊ daddy's girl「お父さん子」

● **You're the spoiled one in the family.**

「お前は家でいちばんの駄々っ子だよ」

＊ the spoiled one「甘やかされた子供：駄々っ子」

● **Mom always liked you better!**「母さんはいつもあなたを気に入ってたわ！」

＊昔をふり返って話すときによく使う。

⓱ 定年退職

A: So you're officially retired now?
で、あなたはもう正式に退職しているの？

B: Yep. What am I going to do with myself?
うん。これからどうしようかな？

A: I'm not worried about you. You've always been very active.
あなたのことは心配してないわ。いつだってすごく行動的だったもの。

B: It's true. **I'll keep busy. ❶**   I'm actually starting a novel.
そうだね。忙しくするよ。実は小説を書き始めてるんだ。

A: **You never cease to amaze me! ❷**   I can't wait to read it!
あなたにはいつも驚かされるわ！ 読むのが待ちきれないわ！

Words & Phrases

□ officially 「正式に」
□ I can't wait to ... 「…するのが待ちきれない」

よく使う定番フレーズ

❶ **I'll keep busy.** 「忙しくするよ」

＊長い休暇や、子供が成長して家を出たあと、退職後などに関して話す場面でよく使うひとこと。

| これも使える | **I'll manage to stay busy.** 「なんとかして忙しくするよ」 |
| | **I'll find things to do.** 「やることを見つけるよ」 |

❷ **You never cease to amaze me!** 「あなたにはいつも驚かされるわ！」

＊直訳は「あなたは決して私を驚かせることをやめない！」。いつでも新しいことにチャレンジしようとする人に対する強いほめ言葉。

これも使える	**You never stop surprising me!**
	「あなたにはいつも驚かされるわ！」
	I'm always amazed by you!
	「いつもあなたにはビックリさせられるわ！」
	I'm always so impressed with you!
	「あなたにはいつも感心するわ！」

知っておくと便利なフレーズ　　★引退した人に

● **Take time for yourself.** 「自分のための時間をもつことね」

● **Take it easy from now on!** 「これからはのんびりね！」
　＊ take it easy「気楽にやる；のんびり構える」

● **Enjoy your retirement!** 「引退を楽しんで！」

★起床、身じたく

起きる	get up〔横になった状態から起き上がる〕
	wake up〔眠りから目が覚める〕
鏡	mirror
歯ブラシ	toothbrush
歯みがき粉	toothpaste
くし	comb
～を着る	put on〔動作〕
～を着ている	wear〔状態〕

★旅行、アウトドア

旅行	travel〔一般的〕
	tour〔名所などを訪れる旅行〕
	trip〔期間・目的などが限られた旅行〕
	journey〔長期の旅〕
	excursion〔団体で行く旅行〕
休暇	holiday
車	car
ワックスをかける	spread some wax
ガソリンスタンド	gas station

★ガーデニング

花壇	flower bed
花に水をやる	water the flowers
植木鉢	flower pot
植える	plant
草を取る	weed
葉	leaf〔単数形〕、leaves〔複数形〕

Chapter 7

友人と会う、
皆で集まる

❶ 友人とのランチ

A: We should do this more often.
もっと頻繁に（ランチ）したいわね。

B: We always say that, but then another year goes by.
いつもそう言って、それで 1 年が経っちゃうのよね。

A: It's true. **Where does the time go?** ❶
確かに。時間はどこに消えちゃうのよ？

B: Right? Each year just flies by.
だよね？　毎年、あっという間に過ぎちゃう。

A: So ... **did you leave room for dessert?** ❷
で…あなた、デザートのお腹、残しておいたの？

B: Are you kidding? Of course!
ふざけてるの？ 当然でしょ！

Words & Phrases

□ this 「これ」＊ここでは「友人とのランチ」のことを指している。

□ more often 「もっと頻繁に」

□ go by 「過ぎ去る」

□ fly by 「飛び去る；早く過ぎる」

□ leave 「残す」

よく使う定番フレーズ

❶ Where does the time go? 「時間はどこに消えちゃうのよ？」

＊時間の経過の早さを嘆くユーモラスな表現。

これも使える **Time just seems to fly.** 「時間は飛ぶように過ぎちゃう気がするわ」
How does time fly by so quickly?
「どうしてこんなに時間は早く過ぎるの？」

❷ Did you leave room for dessert? 「デザートのお腹、残しておいたの？」

＊食事の終わりに近づいたときによく使われる質問。

これも使える **How about some dessert?**　　「デザートはどう？」
Ready for some dessert?　　「デザートの準備は OK ？」
Did you save space for dessert?
「デザート用のスペースは取っておいた？」

知っておくと便利なフレーズ　　★ランチで

● **What are your picks?** 「あなたはどれにする？」

● **Can I get a refill?** 「お替わりをいただけますか？」

● **I'm on a diet.** 「私、ダイエット中なの」
＊ on a diet「ダイエット中の」

❷ スイーツお出かけ

A: This parfait shop is so trendy!
このパフェのお店、すごく人気なの！

B: Well, the chef is famous for being handsome.
そうね、シェフがハンサムなので有名よね。

A: Ha ha! **That's a plus!** ❶
アハハ！ それはプラスよね！

B: They all look so delicious, don't they?
全部すごくおいしそうに見えるよね？

A: I want to choose them all!
全部を選びたいなあ！

B: **Don't be greedy!** ❷　We're dieting, remember?
食い意地を張らないで！ 私たちダイエット中だよ、覚えてる？

Words & Phrases

□ parfait 「パフェ」
□ trendy 「最新流行の」
□ diet 「ダイエットする」

よく使う定番フレーズ

❶ That's a plus!「それはおまけだよね！」

　＊何かが追加の利点だと述べる表現。必要なものではないが、それがあることで、さらにあるものを良くしてくれるようなものなどを指して使う。

| これも使える | **That always helps!** | 「それは必ずプラスになるよね！」 |

　＊ help「（何かの状態などを）良くする」

　That makes a difference! 「それってプラスだよね！」

　＊ make a difference「違いが出る：効果がある：改善する」

❷ Don't be greedy!「食い意地を張らないで！」

　＊ greedy は「欲深い：食い意地の張った」という意味の形容詞。食べ過ぎないように注意しなさいと人に警告する場面で使う。

| これも使える | **Don't overeat!** | 「食べ過ぎないでね！」 |
| | **Watch your diet!** | 「ダイエットに注意してね！」 |

　Don't overdo it! 「食べ過ぎないで！」

　＊ overdo「やり過ぎる」

知っておくと便利なフレーズ　　★おいしい、満腹

● **Yummy!**「おいしい！」

● **I'm stuffed!**「お腹いっぱい！」

● **I can't eat another bite!**「もうひとくちも食べられない！」

　＊ bite「ひとかじり（分の食べ物）」

❸　旅行

Track 79

A: **I want to get away!** ❶
どこか行きたいなあ！

B: Me too! I've been bugging my husband about taking a trip.
私も！ 旅行しようよって、ずっと夫をせっついているの。

A: Why don't we ditch our families and go together?
家族をほったらかして、一緒に行く？

B: **That's an idea!** ❷　Even just for a couple days.
いいわね！ 数日だけでも。

A: We could go to a spa in Napa.
ナパの温泉に行ってもいいね。

B: Sounds perfect!
最高ね！

182

Words & Phrases

□ bug 「うるさく言う：悩ませる」
□ ditch 「捨て去る：放棄する」
□ We could ... 「…してもいいね」
□ spa 「温泉」

よく使う定番フレーズ

❶ **I want to get away!**「どこか行きたいなあ！」

＊しばらく旅行などしていないときに、「どこかに行きたい」という意味で使うフレーズ。

| これも使える | **I need a vacation!**　　「バカンスしたいなあ！」 |
| | **I have the travel bug!**　「旅の虫がうずくわ！」 |

＊ travel bug は直訳すると「旅の虫」。「本当に旅行に行きたい」と伝えたいときに使うフレーズ。

❷ **That's an idea!**「いいわね！」

＊相手の提案への賛成の気持ちを表す返事。

これも使える	**There's an idea!**　　「いい考えだね！」
	I like that idea!　　「それいいね！」
	What a concept!　　「すごくいい考え！」

知っておくと便利なフレーズ　　★旅行に行く

● **Let's hit the road!**「(旅に) 出かけようよ！」
＊ hit the road「出発する」

● **Let's blow this town!**「出かけちゃおう！」
＊ blow this town は直訳すると「この町を吹き飛ばす」。

● **I need a change of pace!**「気分転換が必要だわ！」
＊ change of pace は「ペースの変化」、転じて「気分転換」。

3
旅行

❹ 女子会

A: Girls' Night!
女子だけの夜よ！

B: Woo hoo! **Who's ready to party? ❶**
やったー！ 盛り上がる準備できてる（のは誰）？

A: I sure am! I told my husband not to wait up.
もちろん！ 先に寝ててって、夫に言ってきたわ。

B: **That's the spirit! ❷** I'll start mixing drinks.
その調子よ！ 私は飲み物を作り始めるわね。

A: Sounds great. And shall we order some pizza?
いいね。で、ピザを取りましょうか？

B: Do you even need to ask? Of course!
たずねる必要なんてあるの？ もちろんでしょ！

Words & Phrases

□ party	「パーティーで楽しむ：盛り上がる：騒ぐ」
□ wait up	「寝ないで待つ：待つ」
□ Do you even need to ...?	「…する必要さえあるの？」

よく使う定番フレーズ

❶ Who's ready to party?「盛り上がる準備できてる？」

＊パーティーなど、楽しいことを始める前によく使われるひとこと。

> これも使える
> **Who's ready to party down?**「とことん楽しむ準備はできてる？」
> **Who wants to party?**　　　「大騒ぎしたいのは誰？」

❷ That's the spirit!「その調子よ！：その意気よ！」

＊いつもより強い冒険心を見せた相手に「その意気だ！」「その調子！」と声をかけるひとこと。spirit は「精神：気迫」。

> これも使える
> **That's what I want to hear!**　「それが聞きたかったの！」
> **That's the right attitude!**　　「それが正しい態度だよ！」
> **Now you're talking!**　　　　「そうこなくちゃ！」
> ＊直訳は「やっとあなたは話している」。転じて「そうこなくちゃ！」「待ってました！」といった意味になる。

知っておくと便利なフレーズ　　★一緒に食べる・飲む

● **Who needs a refill?**「誰かお替わりはいる？」

● **We need another round (of drinks)!**「もう1杯必要だね！」
　＊ another round「もう1巡」

● **I'm ready to cut loose!**「大騒ぎするわよ！」
　＊ cut loose「羽目をはずす」

❺ 洋服選び

Track 81

A: What do you think of this?
これ、どう思う？

B: Hmm ... not sure that color matches you.
う～ん…その色があなたに合うのか、よくわからないわ。

A: I meant for you! You'd look great in this!
あなたにどうかなと思って！ あなたが着ると、すごく似合うと思うわ！

B: Um, **it's not winning me over.** ❶
う～ん、私の趣味じゃないわね。

A: Okay, **it was just an idea.** ❷
そうか、いいかなと思っただけだから。

B: Thanks. Let's keep looking.
ありがとう。もっと探しましょうよ。

Words & Phrases

☐ Hmm.　　　「う～ん」＊ためらいや当惑を表す。

☐ Um.　　　　「う～ん」＊躊躇や疑いを表す。

よく使う定番フレーズ

❶ **It's not winning me over.**「私の趣味じゃないわね」

＊何かが自分の趣味ではなく、目を引かない場面で使うひとこと。win over は「納得させる：魅了する」という意味。

これも使える	**It isn't wowing me.**　　　　　　「ピンとこないわ」
	It doesn't do anything for me.　「私には響かないわ」

❷ **It was just an idea.**「いいかなと思っただけだから」

＊直訳は「それはただのアイデアだった」となる。相手が反応しなかった提案を流す場面で使うひとこと。

これも使える	**It was just a suggestion.**　「ただの提案だから」
	It was just a passing suggestion.

「なんとなく提案しただけだから」

＊ passing「（言葉などが）思いつきの：何気ない」

知っておくと便利なフレーズ　　★洋服のサイズ・色

● **That's you!**「あなたにぴったり！」

＊直訳は「それがあなただ！」。

● **That's your color!**「あなたにぴったりの色ね！」

● **That brings out your eyes!**「それつけると、あなたの目が引き立つわね！」

＊ bring out ...「…を引き立たせる」

5

洋服選び

❻　ショッピング

A: Oh my god! This is so cute!
やだ！ これ、超かわいい！

B: Hmmm. The color is nice.
うん。色がすてきね。

A: **You don't seem sold on it. ❶**
あまり納得してないみたいだね。

B: It's nice. I just don't like the fringe on the bottom.
すてきだよ。ただ、下のフリンジが好きじゃないだけ。

A: Ah, I see what you mean. **I guess I'll pass on it. ❷**
ああ、わかる。これはパスしようかな。

Words & Phrases

☐ fringe 「房飾り（状のもの）：縁取り」
☐ bottom 「底部」
☐ I see what you mean. 「わかる〜」

よく使う定番フレーズ

❶ **You don't seem sold on it.**「納得してないみたいね」

＊相手が躊躇していたり、あまり関心を持っていないときの言い回し。sold で「納得して：同意して」。

> これも使える **You don't sound like you're sold on it.** 「納得してなさそうね」
> **You seem very iffy.** 「あまりいいと思ってなさそうね」
> ＊直訳は「あなたは疑問視しているようね」。iffy は「疑問点の多い」。
> **It doesn't seem to do it for you.** 「あなたは納得できてなさそう」

❷ **I guess I'll pass on it.**「これはパスしようかな」

＊「買わないことにしようかな」という意味になる言い方。

> これも使える **I'll pass.** 「やめるわ」
> **I'm good.** 「要らないわね」
> ＊「何かが必要ない」と言いたいときに使うひとこと。同じシーンで使える。

知っておくと便利なフレーズ　　★試着する

● **Try this on!**「これ試着してみて！」＊ try on「試着する」

● **What do you think?**「どうかな？」
＊試着した服などを見せながら使う。

● **Is it too risque?**「セクシーすぎる？」
＊ risque は「露出度が高くセクシー」という意味。胸が大きく開いた洋服などを試着した場面などで使う。

❼ 美容院で

A: How do you think this style would look on me?
このスタイル、私にはどうかしら？

B: You'll be stunning!
すごく魅力的になりますよ！

A: Really? Can you get my hair to look like this?
ホントに？ 私の髪をこんなふうに見えるようにしてくれますか？

B: **It'll be a cinch! ❶**
朝飯前です！

A: Okay, then. I'm in your hands!
オーケー、それじゃあ、あなたにお任せするわ！

B: **Leave everything to me! ❷**
任せておいてください！

Words & Phrases

☐ stunning 「非常に魅力的な：息を呑むほど美しい：かっこいい」

☐ cinch 「朝飯前：簡単なこと」

☐ in someone's hands 「…の意のままに：…の掌中に：…の胸ひとつで」

よく使う定番フレーズ

❶ **It'll be a cinch!**「朝飯前です！」

　＊cinch は「とても簡単なこと」という意味の語。日本語の「朝飯前」と同様のニュアンス。

これも 使える	**(It's a) piece of cake!**	「お安いご用です！」
	No problem!	「問題ありませんよ！」

❷ **Leave everything to me!**「任せておいてください！」

　＊「任せてください」と請け負うときのひとこと。

これも 使える	**Leave it all up to me!**	「私にすべて任せてください！」
	Just let me handle it!	「私にやらせてください！」
	I'll take care of everything!	「私がすべて面倒を見ますよ！」

知っておくと便利なフレーズ　★ヘアスタイルについて

● **I'm in the mood for a change!**「ヘアスタイルを変えたい気分なの！」
　＊be in the mood for ...「…な気分だ」

● **Can you make me look like this?**「こんな感じにしてくれますか？」
　＊look loke ...「…のように見える」

● **I just need trimming.**「毛先を揃えるだけでお願いします」
　＊trim「切り取って揃える」

❽ ネイルサロン

A: I really love your nails!
あなたのネイル、ホントにすてきね！

B: Oh, thanks! I just got them done.
あら、ありがとう！ ちょうどやってもらったところなの。

A: Do you always go to the same salon?
いつも同じサロンへ行くの？

B: Yep. **I'm sold on it. ❶**
ええ。満足してるのよね。

A: Maybe I'll try it. Do I need to make a reservation?
私も試してみるかな。予約の必要があるの？

B: **Absolutely! ❷**   It's very popular.
もちろん！ すごく人気だからね。

Words & Phrases

☐ nail 「爪」
☐ make a reservation 「予約する」
☐ reservation 「予約」

よく使う定番フレーズ

❶ **I'm sold on it.**「満足・納得してるのよ」

＊何かに満足・納得している場面で用いられる表現。満足しているため、それを変更する
つもりがないことが伝わる。

| これも
使える | **I'm completely satisfied.** | 「完全に満足してるの」 |
| | **I don't plan on changing.** | 「変える予定はないの」 |

❷ **Absolutely!**「もちろん！」

＊相手の質問に「もちろんそうだ！」と強く答えるときに使えるひとこと。

これも 使える	**Of course!**	「もちろん！」
	For sure!	「もちろん！」
	Definitely!	「絶対にね！」

知っておくと便利なフレーズ　★ネイルをほめる

● **So glittery!**「すごくキラキラだね！」
＊ glittery = glittering「キラキラ輝く」

● **They really sparkle!**「すごく輝いてるね！」

● **That's so creative!**「すごく独創的ね！」
＊ creative「独創的な；創造的な」

❾ マッサージ

Track 85

A: How was your massage yesterday?
昨日のマッサージ、どうだった？

B: It was pretty painful. But I feel refreshed today.
かなり痛かったの。でも今日はリフレッシュした気分。

A: Yeah, the good ones hurt. **That goes with the territory. ❶**
ねえ、上手なやつは痛いのよね。マッサージに痛みはつきものよ。

B: I'm very glad I went. And I had a 30% off ticket.
行ってよかったわ。さらに30％割引のチケットももらったし。

A: **Right on! ❷**
よかったね！

Words & Phrases

☐ painful 「痛みのある」

☐ refreshed 「さわやかになって；リフレッシュして」

☐ ... ones 「…なやつ」＊既出の名詞の代用に用いられている。

☐ hurt 「痛む」

よく使う定番フレーズ

❶ **That goes with the territory.** 「それはつきものだよね」

 ＊ go with the territory は「イヤなことがその仕事や状況にはつきものだ；必ずついてくる」という意味になるフレーズ。

これも使える	**That comes with the territory.** 「それって、つきものだよね」
	That's to be expected. 「それは予想の範疇だね」

❷ **Right on!** 「やったね！」

 ＊強く相手の言葉を認める表現。

これも使える	**All right!** 「いいね！」
	Yay! 「やった！」
	Lovely! 「いいわね！」

知っておくと便利なフレーズ　　★マッサージ師の話題

● **She has magic hands!** 「彼女、魔法の手を持ってるの！」

● **She worked me over.** 「彼女は全身を治療してくれたわ」

 ＊ work someone over「…の全身を治療する；検査する」

● **He got the knots out.** 「彼が凝りをほぐしてくれたわ」

 ＊ knots には「（髪の毛などの）もつれ；（肩の）凝り・しこり；（胸の）つかえ」などの意味がある。

9

マッサージ

195

❿ ビタミン

A: Wow, you take a lot of vitamins!
うわあ、すごい量のビタミンを取るんだね！

B: Yep. **I swear by them!** ❶
うん。私、ビタミンがいいものだと信じてるの！

A: Do they really help?
ホントに効果あるの？

B: Yes! They're essential!
ええ！ ビタミンは不可欠なのよ！

A: Okay. **If you say so.** ❷
そうか。まあ君がそう言うなら。

B: You should start taking them!
あなたも飲み始めるべきよ！

Words & Phrases

☐ vitamin 「ビタミン」

☐ Yep. 「うん」＊Yes. のくだけた言い方。

☐ essential 「不可欠の；極めて重要な」

☐ You should start -ing. 「あなたは…し始めるべきだ」

よく使う定番フレーズ

❶ I swear by them! 「私、いいものだと信じてるの！」

＊ビタミンやヨガ、ジムなど、ある人がいいと信じているものに関して使うフレーズ。

> これも使える
> **I couldn't live without them!** 「なしには生きていけないのよ！」
> **They are my secret weapon!** 「私の秘密兵器なの！」

❷ If you say so. 「まあ君がそう言うなら」

＊少々疑問を持ちながらも相手の言葉を尊重するひとこと。

> これも使える
> **If you're sure.** 「君が確かだって言うなら」
> **I'll take your word for it.** 「君の言葉を信じるよ」
> ＊いずれも自分の意見は変えないつもりだが、相手の言葉を尊重するときの言い方。

知っておくと便利なフレーズ　★サプリの話題

● **Down the hatch!** 「呑み込んで！；呑み込め！」

＊何かを飲む相手に向かって使うひとこと。薬などを飲む前に、おどけながら自分に向かっても使える。乾杯の音頭にもなる。

● **I need something to wash them down with.**

「流し込むものが必要だな」

＊「サプリなどを飲み込むために水やお茶などが必要だ」という意味になる表現。wash down は「下へ流し込む」。

⓫ 薬局で

A: Come look at this! **This is darling! ❶**
こっちに来て、これ見て！ これ、かわいい！

B: Great color! What is it?
いい色だね！これって何？

A: It's a mini travel kit for short trips. It has everything!
短い旅行用の小さな旅行キットよ。全部入ってるわ！

B: **That's handy. ❷**　I might have to get one too.
それは便利だね。私もひとつ買っておかなきゃかも。

A: This will be perfect for an overnight trip.
一泊旅行にはもってこいでしょうね。

B: Yeah. So where are we going? Ha ha.
ええ。で、どこに行く？ アハハ。

Words & Phrases

☐ darling 「かわいい；すてきな；魅力的な」

☐ kit 「道具一式；セット」

☐ be perfect for ... 「…に最高だ；…にもってこいだ」

☐ overnight 「一泊の」

よく使う定番フレーズ

❶ **This is darling!**「これ、かわいい！」

＊darling は日本語の「かわいい」にあたり、主に女性が用いる。

> これも
> 使える
> **This is adorable!**　「かわいいね！」
> **This is really cute!**　「すごくかわいい！」

❷ **That's handy.**「それは便利だね」

＊便利で有益なものを指して使うひとこと。少し異なった使い方をしている p.204 の Party の項も参照。

> これも
> 使える
> **That's convenient.**　「それ便利だね」
> **That's very useful.**　「それすごく役立つね」
> **That comes in handy.**　「それ便利だね」

知っておくと便利なフレーズ　★品物を見る

● **I'm just browsing.**「見て回ってるだけなんです」

＊browse「ぶらぶら商品を見て回る」

● **I need to pick up a few things.**「ちょっと買うものがあるの」

＊pick up「買う」

● **This is just what I've been looking for!**

「これ、まさに探してたものだわ！」

⓬ カラオケ

Track 88

A: Why didn't you tell me you're a singer?
どうして歌手だって教えてくれなかったの？

B: Oh, come on! I'm not. I just like karaoke.
あら、冗談言わないでよ！ 私は違うわ。ただのカラオケ好きよ。

A: **Don't sell yourself short. ❶**   You're amazing!
自分を低く評価しちゃダメだよ。君はすばらしいよ！

B: You're really too kind.
そんなことないわよ。

A: I'm just being honest. I love your voice!
正直に言ってるだけだよ。僕は君の声、大好きだよ！

B: Thank you! **You've made my day! ❷**
ありがとう！ おかげで最高の気分になったわ！

Words & Phrases

□ amazing 「すばらしい」

□ You're really too kind. 「そんなことないわよ」

＊直訳は「あなたは優しすぎる」。転じて謙遜の意味をもつようになった表現。

□ honest 「正直な」

よく使う定番フレーズ

❶ **Don't sell yourself short.**「自分を低く評価しちゃダメだよ」

＊ sell oneself short で「自分を低く評価する」。仕事などいろいろなことに関しても使えるひとこと。

| これも使える | **Don't underestimate yourself.** 「自分を低く見積もらないで」
You should be proud of yourself! 「自分を誇るべきだよ！」
No need to be humble! 「謙遜の必要はないよ！」 |

＊ humble「謙遜な」

❷ **You've made my day!**「おかげで最高の気分になったわ！」

＊相手が自分の気分を上げてくれたときに使えるひとこと。

| これも使える | **You've made me so happy!** 「すごくうれしいわ！」
You've really picked me up! 「すごく気分が上がったわ！」 |

＊ pick ... up「…を元気にする」

知っておくと便利なフレーズ　★相手をほめる

● **You sound like a pro!**「プロみたいだね！」

● **You nailed it!**「最高だよ！」
＊ nail「完璧にやる；うまくやる」

● **You missed your calling!**「君は職業を間違ってるよ！」
＊相手の才能へのほめ言葉。calling は「職業」。

12

カラオケ

⓭ 友人との外出

A: What's something we can all enjoy doing together?
みんなで一緒にやって楽しめるものって何かな？

B: I don't know ... how about bowling?
さあ…ボウリングはどう？

A: I've hardly ever bowled. I'm terrible at it!
ボウリングはほとんどやったことがないんだ。ひどく下手くそさ！

B: **Same here!❶** The point is just to have fun.
私もよ！ 要するに楽しめばいいのよ。

A: Okay, **count me in.❷** I'll text everybody and see
what they think.
わかった、僕もやるよ。みんなにメッセージを出して、意見を
聞いてみるよ。

Words & Phrases

□ bowling 「ボウリング」
□ hardly ever 「ほとんど・滅多に…ない」
□ be terrible at ... 「…がとても下手だ」
□ text 「ショートメールを打つ」
□ what they think 「彼らがどう思うか」

よく使う定番フレーズ

❶ Same here! 「私もよ！」

＊相手と自分が同じ立場だと伝える一般的なフレーズ。

| これも使える | **Me too!** | 「私もだよ！」 |
| | **I'm the same!** | 「私も同じ！」 |

❷ Count me in. 「僕もやる」

＊「自分もイベントに参加する」と伝えるフレンドリーな表現。

これも使える	**I'm in.**	「乗った」
	Sign me up!	「僕も入れて！」
	You can count me in.	「僕も数に入れていいよ」

知っておくと便利なフレーズ　★誘う、都合を聞く

● **Can you make it?** 「参加できる？：来られる？」

● **Are you up for it?** 「やりたい？」
＊ up for ... で「…したい気分；…に乗り気だ」という意味。

● **You're in, right?** 「あなたもやるよね？」
＊参加するように念押しする言い方。

13
友人との外出

⑭ パーティー

A: Planning a party is work!
パーティーの計画は大変だわ！

B: I know, but it's kind of fun too.
わかるけど、ある意味、楽しみでもあるよ。

A: What about food? Should we have it all catered?
食べ物はどうする？ 全部ケータリングしてもらうべきかしら？

B: Probably easier that way. **I know just the place!** ❶
おそらくそのほうが楽だよね。ちょうどいいところを知ってるよ！

A: Great. Only food though. I'll take care of drinks.
すばらしいわ。でも食べ物だけにしてね。飲み物は私がやるから。

B: **That's handy!** ❷
それは助かる！

Words & Phrases

☐ work 「辛い仕事」

☐ cater 「(パーティーなどの) 料理を賄う」

☐ that way 「その方法 (でやれば)」

よく使う定番フレーズ

❶ I know just the place! 「ちょうどいいところを知っているよ！」

＊ just the place で「(その目的を果たすのに) ぴったりの場所；ちょうどいい場所」という意味。

> これも使える
> **I have the perfect place in mind!**
> 「完璧な場所が頭に浮かんでるよ！」
>
> **I know who'd be perfect for that!**
> 「それに完璧な人を知ってるよ！」

❷ That's handy! 「それは助かる！」

＊ 「それは便利だ」が直訳。実際は「そうしてくれるといろいろ助かる：楽になる」といったニュアンスで使っている。

> これも使える
> **That helps!** 「それは助かる！」
> **That simplifies things!** 「そうすればシンプルだね！」
> **That makes it simple!** 「それでシンプルになるね！」

知っておくと便利なフレーズ　★感想を言う

● **I'm so glad I came!** 「来て良かった！」

● **I'm having a ball!** 「すごく楽しめてるよ！」
　＊ have a ball 「大いに楽しむ」

● **You throw the best parties!** 「君のパーティーはいつも最高だよ！」
　＊ throw a party で「パーティーを開く」という意味。パーティーの主催者をほめる言葉。

14
パーティー

⓯　オンライン飲み会

A: Does everybody have a glass in their hand?
みんな、手にグラスを持ったかな？

B: Yes! Cheers everybody!
うん！ 皆さん、乾杯！

A: **This takes some getting used to ❶** , doesn't it?
これは慣れるのに少し時間がかかるよね？

B: Yeah. I'm sitting here with my cat, but drinking with my friends.
そうだね。僕はここで猫と一緒に座ってるけど友人と飲んでるんだな。

A: Haha! **It's the new normal! ❷**
アハハ！ ニューノーマルだね！

B: It sure is!
確かに！

Words & Phrases

☐ Cheers!　　　　　「乾杯！」
☐ It sure is!　　　　「確かに！」

よく使う定番フレーズ

❶ This takes some getting used to.

「これは慣れるのに少し時間がかかるね」

＊新しいことにまだ慣れていない場面で使えるひとこと。

これも
使える
This is hard to get used to.　「これ慣れるのが大変だなあ」
This is very new to me.
「これって僕にとってすごく新しいことだよ」

❷ It's the new normal!「ニューノーマルだね！」

＊通常は技術革新に関する会話でよく使うが、コロナ禍の開始以降はロックダウン中の新たな社会生活の形態を指すことが多い。

これも
使える
It's a new world!　　　　　　　　「新世界だよね！」
It's a whole new world!　　　　　「まるっきりの新世界だよね！」
Welcome to the new world!　　　「新世界へようこそ！」

知っておくと便利なフレーズ　　★お酒を飲む

● **Drink up!**「一気！」
　＊ drink up「飲み干す」

● **What are you drinking?**「君は何を飲んでいるの？」

● **Ah, you bought the good stuff!**「へえ、いいものを買ったね！」
　＊高級なワインやおいしい銘柄のビールなどを飲んでいる人に向かって。

★ショッピング

店	store〔一般的〕
	shop〔専門店やサービス業の店など〕
デパート	department store

★洋服

ブラウス	blouse
スカート	skirt
シャツ	shirt
ズボン	pants〔主にアメリカ〕
	trousers〔主にイギリス〕

★美容、フィットネス

美容院	beauty parlor
ネイルサロン	nail salon
ジム	gym
サウナ	sauna
水泳	swimming
ジョギング	jogging

★娯楽、スポーツ

サッカー	soccer
野球	baseball
試合、ゲーム	game
ナイター	night game
プロ野球選手	professional baseball player
大ファン	great fan

Chapter 8

恋愛、デート

① 異性の友人を紹介する

A: I'm surprised you two don't know each other.
　ふたりがお互いを知らなかったのは驚きだよ。

B: Nope. It's the first time.
　うん。初対面よ。

A: **Then it's long overdue. ❶**　Let me set up a
　meeting.
　それなら、もっと早く紹介しておくべきだったね。会う機会を作るよ。

B: Okay. He seems like a nice guy.
　いいわよ。彼、いい人っぽいし。

A: He's great! **I think you'll hit it off. ❷**
　彼はすごいよ！ 君たちは仲良くなると思うよ。

B: Well, we'll see.
　うーん、どうだろう。

210

Words & Phrases

□ Nope. 「いいえ」 ＊ No. のくだけた言い方。

□ set up 「設定する」

□ meeting 「会うこと：集まること：出会い」

よく使う定番フレーズ

❶ Then it's long overdue.「それならもっと早くしておくべきだったね」

＊ overdue は「期限を過ぎた：定刻を過ぎた：予定を過ぎた」といった意味をもつ語。ここでは会う期限をとっくに過ぎていることを表し、「もっと早く会わせておけばよかった」といった意味合いとなる。

> これも使える
> **Then it's about time!** 「それなら、いい頃合いだね！」
> **Well, then now's the time.** 「うーん、じゃあ今がその時期だね」

❷ I think you'll hit it off.「君たちは仲良くなると思うよ」

＊ hit it off で「仲良くなる」。気が合いそうなので友人になれる、あるいは、もしかするとデートするくらい仲良くなれるかもしれないといったニュアンスが伝わる。

> これも使える
> **I think you'll really get along.** 「すごくうまくやれると思うよ」
> **I think he might be your type.** 「彼は君のタイプかもね」
> **I think you'll make a good match.** 「お似合いだと思うよ」
> ＊ make a good match 「いい相性だ：お似合いだ」

知っておくと便利なフレーズ　★恋愛感情

● **He's really into you!**「彼は君にぞっこんだよ！」 ＊ be into ...「…に夢中だ」

● **He has the hots for you!**「あいつ、君にお熱だよ！」

＊ have the hots for ...「…に恋愛感情を抱く」

● **There's chemsitry between you!**「君たちは相性がいいよ！」

＊ chemsitry「相性」

❷ デートに誘われて

A: Guess who finally asked me out?
遂に私をデートに誘ってきたのが誰だか当ててみて！

B: Let me guess ... Greg Daniels?
予想してみるね…グレッグ・ダニエルズ？

A: **That's the one!** ❶　We'll have dinner next week.
それ！ 来週ディナーを食べるの。

B: **No way!** ❷　So I guess he broke up with his girlfriend?
あり得ない！ ということは、彼女と別れたってことかな？

A: That's what he said. He's a free man now.
彼はそう言ってたわ。今はフリーなんだって。

B: Lucky you!
あなたツイてるわ！

Words & Phrases

□ guess 「推測する」

□ Guess who ...? 「誰が…だか当ててみて！」

□ finally 「遂に：やっとのことで」

□ break up 「別れる」

□ Lucky you! 「ツイてるね！：ラッキーだね！：いいなあ！」

よく使う定番フレーズ

❶ That's the one!「それ！」

＊直訳は「それがその人：それがそれ」となる。誰かが何かを予想して正しく言い当てたときに使うひとこと。

これも使える	**Bingo!** 「大当たり！」
	The very one! 「まさにそれ！」

❷ No way!「あり得ない！」

＊予想もしていなかったことに完全に驚いたことが伝わるひとこと。

これも使える	**Wow!** 「ええっ！」
	I can't believe it! 「信じられない！」
	Are you serious? 「マジなの？」

知っておくと便利なフレーズ　★彼氏の話

● **Is he cute?**「彼、かわいいの？」

● **Is he your type?**「彼、あなたのタイプなの？」

● **He's a hunk!**「彼、イケメンなのよ！」

＊ hunk「イケメン：マッチョっぽくセクシーな男」

❸ デート

Track 94

A: I thought you were never going to ask me out!
あなたが私をデートに誘うことなんてないと思ってた！

B: Haha, really? Do I seem that shy?
アハハ、そうなの？ 僕ってそんなにシャイに見えるかな？

A: **Don't take it the wrong way.❶** You just seem very quiet.
悪く取らないでね。ただ、とてもおとなしそうに見えて。

B: I am. I hope that's okay.
そうだよ。それでもいいかなぁ。

A: **Better than okay!❷** I have no time for loud, pushy guys!
いいなんてものじゃないわ！ 私には、うるさくて出しゃばりの男子に割く時間なんてないのよ！

Words & Phrases

☐ ask ... out　　「…をデートに誘う」
☐ loud　　　　「やかましい：うるさい」
☐ pushy　　　　「出しゃばり：厚かましい」

よく使う定番フレーズ

❶ Don't take it the wrong way.「悪く取らないでね」

＊自分の言葉を悪い意味に取ってほしくない場面で使うひとこと。

> これも使える
> **Don't get me wrong.**　　　　　「悪く受け取らないで」
> **Don't misinterpret my meaning.**　「取り違えないで」
> **I hope you won't take this the wrong way.**
> 「勘違いしないでほしいの」

❷ Better than okay!「いいなんてものじゃないわ！」

＊誰かに「それでもいい？」とたずねられたときに「いいなんてレベルを超えて、それが自分にはありがたい：望むところだ」と返す返事。

> これも使える
> **Much better than okay!**　「OKレベルをかなり超えてるわ！」
> **Way better than okay!**　「OKレベルをはるかに超えてるわ！」

知っておくと便利なフレーズ　★待ち合わせ、デート

● **Did I keep you waiting long?**「長く待たせちゃったかな？」

● **Let me take your coat.**「コート、僕にやらせて」

＊相手がコートを脱ぐのを手伝い、さらにクロークに渡したり、ハンガーに掛けてあげたりするところまでを take your coat と表現している。

● **Shall we start off with a glass of wine?**「ワインからスタートする？」

＊ start off with ...「…で始める」

④ レストラン

Track 95

A: **I've been meaning to try that new restaurant. ❶**
ずっとあの新しいレストランに行ってみようと思ってたの。

B: It's so popular! People are always lined up outside.
すごい人気だよ！ いつも人が外で並んでるんだよ。

A: Definitely a trendy spot.
確実に流行スポットね。

B: **Let's check it out. ❷**
試してみようよ。

A: Sure. I'll make the reservation. When is good?
もちろん。私が予約を入れるわ。いつがいい？

B: How about next Wednesday?
次の水曜はどうかな？

216

Words & Phrases

☐ line up 「一列に並ぶ」
☐ reservation 「予約」

よく使う定番フレーズ

❶ I've been meaning to try that new restaurant.

「ずっとあの新しいレストランに行ってみようと思ってたの」

* mean to ... は「…するつもり」という意味。

> **これも使える**
>
> **I've been planning to go there.**
> 「あそこにはずっと行く予定にしてたの」
>
> **That place is on my list.** 「あそこはリストに載せてあるのよ」
>
> **It's on my to do list.** 「それは、私のやることリストに入ってるの」

4

レストラン

❷ Let's check it out. 「試してみようよ」

* check ... out は、親しみがないが興味がある物事やスポットなどを試してみたいときに使うひとこと。

> **これも使える**
>
> **Let's give it a try.** 「試してみよう」
>
> **I think it's worth checking out.** 「試す価値があるよね」
>
> * worth -ing「…する価値がある」x

知っておくと便利なフレーズ ★高級店へ

● **It seems pretty pricey.** 「かなり高級そうだね」

● **I feel underdressed.** 「(みんなと違って) 普段着で恥ずかしいわ」

*きちんとした服装の人が多く、自分の服が浮いているときに使える。

● **This better be worth the wait!** 「待つ価値がなかったら許さない!」

* better は had better が省略されたもの。「…しないと許さない:困ることになる」という意味になる。

217

❺ コンサート（1）

A: These are great seats!
すごくいい席だね！

B: Yes! **We lucked out!** ❶
うん！ すごく運が良かったよね！

A: Did you know she's my favorite singer?
彼女は私の大好きな歌手だって知ってたの？

B: Um, yes. Considering you've told me a million times!
うん、まあね。何度も何度も君が話してたことを考えるとね。

A: Haha, sorry! **I tend to go on.** ❷
アハハ、ごめんなさい！ 私、繰り返し話しちゃうのよ。

B: Ah, it's okay. I love your enthusiasm.
ああ、大丈夫。君の情熱的なところ、好きなんだ。

Words & Phrases

□ consider　　　「考える：検討する」
□ million　　　　「100万」
□ enthusiasm　　「熱狂：熱中：情熱」

よく使う定番フレーズ

❶ We lucked out!「すごく運が良かったね！」

＊ものすごく運が良かったときに用いるひとこと。

これも使える	**We were in luck!**	「運が良かったわね！」
	We're so lucky!	「すごくラッキーだね！」
	We're really fortunate!	「ホントに幸運だったね！」

❷ I tend to go on.「私、繰り返し話しちゃうのよ」

＊ go on は「言い続ける：繰り返し行う」。興味のあることを何度も話してしまう人が、自分の癖を認めるときに使うひとこと。

| これも使える | **I tend to go on and on.** | 「話し続けちゃうのよね」 |
| | **I tend to prattle on.** | 「ムダに話しちゃうのよね」 |

＊ prattle「つまらないことをぺちゃくちゃ話す：ムダなことを話す」

知っておくと便利なフレーズ　　★バンド演奏を楽しむ

● **This band rocks!**「このバンド、最高！」
　　＊ rock「すごくいい：すごく楽しめる」

● **They're on fire tonight!**「今夜は最高に盛り上がってるね！」
　　＊バンドなどのパフォーマーが盛り上がっているときに使うひとこと。

● **Check out those moves!**「あの動き見て！」
　　＊ステージ上のダンサーの動きに注目してほしいときに使うひとこと。

❻ コンサート（2）

A: How did you like the opening act?
前座はどうだった？

B: They were okay. But you know why I'm here!
まあ良かったよ。でも僕が何しにここに来てるか知ってるよね！

A: Haha, yeah. Your favorite band plays next.
アハ、そうだね。あなたの大好きなバンドが次に演奏するんだよね。

B: I know! **I'm so psyched!** ❶
そうなんだよ！ 超ワクワクする！

A: Me too. When will they come on stage?
私も。いつステージに上がるのかな？

B: **Any minute now.** ❷
もうすぐだよ。

Words & Phrases

□ opening act 「前座」

□ I know! 「そうなんだよ！：だよね！」 ＊同意・共感を表す。

□ come on stage 「ステージに上がる」

よく使う定番フレーズ

❶ **I'm so psyched!**「超ワクワクする！：超、興奮する！」

＊すぐに起きそうなことをワクワクして待つ気持ちが表せるひとこと。

| これも使える | **I'm pumped up!** 「興奮する！」 |
| | **I'm all revved up!** 「すごく興奮する！」 |

❷ **Any minute now.**「もうすぐだよ」

＊「今にも何かが始まる」場面で使えるひとこと。

これも使える	**Very soon.** 「すぐだよ」
	Any second now. 「もうすぐさ」
	Any day now. 「もうそろそろだよ」

＊「店舗の開店などがあと数日だ」といった場面で使う。

知っておくと便利なフレーズ　★バンドの感想を言う

● **They blew me away!**「圧倒されたよ！」

＊ blow away「圧倒する：ぶっ飛ばす」

● **They rocked the place!**「盛り上がったな！」

＊「彼らは会場を揺らした」が直訳。

● **They were on fire tonight!**「彼ら、今日は燃えてたね！」

＊バンドなどが大いに盛り上がっていたときに。

6

コンサート（2）

❼ 映画鑑賞

A: It's Oscar season!
オスカーの季節だね！

B: Yeah, so this weekend **I plan to binge-watch movies.** ❶
ええ、だから今週末は映画をまとめ見する予定にしてるの。

A: So you'll watch some of the nominees you haven't seen?
ということは、まだ見てないノミネート作を見るのかな？

B: That's the idea. **Do you want me to keep you company?** ❷
そうそう、それそれ。一緒に過ごしたい？

A: That sounds fun! And let's make popcorn!
楽しそうだね！で、ポップコーンを作ろうよ！

B: Sure!
いいわね！

Words & Phrases

□ Oscar 「アカデミー賞（受賞者に贈られる像）」

□ binge-watch 「（大量に）まとめて見る」

□ nominee 「ノミネートされた作品；人」

□ That's the idea. 「そうそう、それそれ；そういうこと」

　　　　　　　　＊「相手の言葉や行動が正しい；それでいい」と伝えるひとこと。

よく使う定番フレーズ

❶ I plan to binge-watch movies. 「映画をまとめ見する予定にしてるの」

　　＊ binge は「一度に多くのことをすること」。binge on potato chips「ポテトチップスを
　　大量に食べる」のようにも使える。

| これも使える | I'm planning to binge on movies. 「大量の映画を見る予定なんだ」 |
| | I'm going to binge-watch reruns. 「再放送を一気見するつもりなの」 |

❷ Do you want me to keep you company? 「一緒に過ごしたい？」

　　＊一緒に時間を過ごしたいか、たずねるフレーズ。どちらかと言うと家の中で一緒に過ご
　　すといった、行動的でない時間を過ごすときに使う。

これも使える	Do you want some company? 「一緒に過ごす人がほしい？」
	Shall I keep you company? 「一緒に過ごしましょうか？」
	Mind if I join you? 「参加してもいいかな？」

知っておくと便利なフレーズ　　★映画の話題

● **Are you a movie buff?** 「あなた映画ファンなの？」＊ buff「…通；…ファン」

● **I'm in the mood for a rom-com.** 「ラブコメが見たい気分」

　　＊ rom-com = romantic comedy「ラブコメ」

● **Let's catch a flick!** 「映画を見ようよ！」

　　＊家で Netflix などを見るときにも、映画館に行こうと誘うときにも使える。flick は「映画」。

7

映画鑑賞

223

❽ 音楽鑑賞

A: **What kind of music are you listening to lately?** ❶
最近はどんな音楽を聴いてるの？

B: Actually, I've really been getting into opera.
実は、すごくオペラにハマりだしてるんだ。

A: Opera? Wow, I'm impressed. So cultural!
オペラ？ へえ、すごいね。とっても文化的！

B: Well, I've always loved classical music.
うん、ずっとクラシック音楽が大好きなんだよ。

A: So opera is just an extension of that? **That makes sense.** ❷
で、オペラはただのその延長ってことかな？ それは納得できるわ。

Words & Phrases

☐ I've really been getting into ...　　「すごく…にハマりだしている」

*get into ...「…にハマりだす」

☐ cultural　　　　　　　　　　　　「文化的な」

☐ extension　　　　　　　　　　　　「延長」

よく使う定番フレーズ

❶ What kind of music are you listening to lately?

「最近どんな音楽を聴いてるの？」

＊ネットに多くの音楽がアップされるようになって、よく使う表現になっている。

これも
使える
What's on your playlist these days?
「最近プレイリストには何が入ってるの？」
Are you listening to any new music?
「新しい音楽は何か聴いてるの？」

❷ That makes sense. 「それは納得できるわ」

＊ make sense は「意味が通じる：理解ができる」という意味。

これも
使える
That makes perfect sense. 「完全に納得ね」
That explains it.　　　　　「それなら納得ね」
Now I get it.　　　　　　　「それでか：わかるわぁ：そういうことか」

知っておくと便利なフレーズ　　★音楽を聴く

● **This rocks!** 「この曲すごい！」 ＊ rock は動詞で「魂を揺さぶる」といった意味。

● **Play something we can chill to.** 「くつろげる音楽をかけてよ」

＊ chill はここでは「くつろぐ」の意。to は「…（音楽）に合わせて」の意味。

● **Do you want to hear something really out there?**

「独特な（すごい）音楽聴いてみたい？」　　＊ out there「独特な：すごい」

❾ バーで乾杯

A: Shall we take that corner table?
あの隅のテーブルに座ろうか？

B: Yeah, **it looks really cozy.** ❶
うん、すごく居心地が良さそうよね。

A: Cheers! You look amazing tonight!
乾杯！ 今夜の君は驚くほどきれいだ！

B: Cheers! You look nice too.
乾杯！ あなたもすてきだよ！

A: **The night is young.** ❷   Let's enjoy ourselves.
夜はまだまだ長いよ。楽しもう。

B: For sure. I'm looking forward to a pleasant evening.
もちろん。楽しい夕べを期待してるわ。

Words & Phrases

☐ cozy 「居心地のいい」

☐ enjoy oneself 「楽しむ：楽しく過ごす」

☐ For sure. 「もちろん」

☐ I'm looking forward to ... 「…を楽しみにしている：期待している」

☐ pleasant 「楽しい：愉快な」

よく使う定番フレーズ

❶ **It looks really cozy.**「すごく居心地が良さそうよね」

＊レストランやその中のソファー、区画などの居心地の良さに言及するひとこと。

これも使える	**It looks like a cozy spot.**「居心地が良さそうな場所に見えるわね」
	It looks like a place we can get cozy.「くつろげる場所のようね」

❷ **The night is young.**「夜はまだまだ長いよ」

＊デートや飲み会などの最初のほうでネイティヴがよく使う表現。「まだまだゆっくりと夜を楽しもう」と呼びかけるひとこと。

これも使える	**The night is new.**　　　　　　「夜はまだ始まったところだよ」
	The night is just beginning.　「夜はほんの序の口だよ」
	The evening has just started.「夕べは始まったばかりだよ」

知っておくと便利なフレーズ　　★お酒を飲む

● **Let's go another round.**「もう1杯、飲もうよ」

＊round は「回」。ここでは次のオーダーをしようと伝えている。

● **This round's on me!**「この1杯は僕のおごりだ！」＊on ...「…のおごりで」

● **I'm getting tipsy.**「ちょっと酔ってきちゃった」　　＊tipsy「ほろ酔いの」

9

バーで乾杯

⓾ ルームメートになる

A: What do you think of getting a place together?
一緒に部屋を借りるのを考えるのはどうかな？

B: Hmm ... I'm interested!
うーん… 興味あるわ！

A: I think we could save money if we did.
そうすればお金を節約できると思うんだ。

B: **That's a plus!❶** And we can help each other with chores.
それは利点よね！ それに家事で協力できるし。

A: Exactly! So, **what do you say?❷**
確かに！ で、どうなの？

B: Let's do it!
そうしましょうよ！

Words & Phrases

☐ save 「節約する」

☐ help each other 「互いを助け合う」

☐ chore 「家事」

☐ Exactly! 「確かに！」

よく使う定番フレーズ

❶ That's a plus!「それは利点よね！」

＊ plus は advantage「有利な点；利点」と同じ。

> これも使える
> **That's an advantage!** 「それはいい点だよね！」
> **That's certainly a plus!** 「それは確かに利点だよね！」

❷ What do you say?「どう思う？」

＊提案やアイデアについて、相手の意見を聞くカジュアルな表現。

> これも使える
> **What do you think?** 「どう思う？」
> **What's the word?** 「意見は？」
> **What's the verdict?** 「意見は？；判断は？」
>
> ＊ verdict「意見；判断」

知っておくと便利なフレーズ　★一緒に住む

● **Let's be roomies!**「ルームメートになろうよ！」

＊ roomie は roommate の略。

● **It will trim costs!**「節約になるよ！」

＊ trim costs「コストを削る」

● **I'm low-maintenance!**「僕はあまり手がかからないよ！」

＊ low-maintenance「（人や機械が）あまり手がかからない」。一緒に暮らすのが楽な人を指して使う。

⓫　アルバムを眺める

A: **Look at you!** ❶　You're adorable!
君を見てごらんよ！ すごくかわいいね！

B: When was this taken, I wonder ...? Maybe I was three?
これ、いつ撮ったのかしら…？ ３歳の頃かなあ？

A: Such a cutie! And that's your dad?
すごくかわいいよ！ で、これが君のお父さん？

B: Yep. When he still had his hair.
ええ。まだ髪の毛があった頃のね。

A: **You're terrible!** ❷　He's very nice-looking.
君ひどいなあ！ お父さん、すごくカッコいいじゃない。

Words & Phrases

☐ adorable 「とてもかわいい」

☐ take 「(写真を) 撮る」

☐ cutie 「かわいらしい人；かわいい子」

☐ Yep. 「うん」＊ Yes. のくだけた言い方。

☐ nice-looking 「カッコいい」

よく使う定番フレーズ

❶ Look at you! 「君を見てごらんよ！」

＊写真に写っている相手の姿に驚いたときに使うポジティヴなひとこと。新しい服を着た人や、髪型が変わった人などに向かっても使う。

| これも使える | **Well, look at you!** | 「ねえ、君を見てごらんよ！」 |
| | **What have we here?** | 「これって、いったい何だ？」 |

❷ You're terrible! 「君はひどいなあ！」

＊皮肉を言った相手に「ひどい人だなあ！」とおどけて返すひとこと。

これも使える	**You're awful!**	「君はひどいよ！」
	Oh, you're bad!	「わあ、悪いやつだなあ！」
	That's so mean!	「意地悪だなあ！」

知っておくと便利なフレーズ　★なつかしい写真

● **This takes me back!** 「これ、思い出すわ！」

＊ take ... back「…を過去に引き戻す」

● **This picture is ancient!** 「これ大昔の写真だわ！」

● **This is a blast from the past!** 「これ、なつかしい！」

＊ blast from the past は直訳すると「過去からの一陣の風」。これで「過去のなつかしい思い出」という意味になる。

11

アルバムを眺める

231

★街

劇場	theater
映画館	movie theater
博物館、美術館	museum
図書館	library
公園	park
広場	square

★食事、お酒

レストラン	restaurant
喫茶店	coffee shop
バー	bar
食べる	eat
飲む	drink〔水、ジュース、牛乳など〕
	eat〔スープなど〕

※「薬を飲む」場合は take を使う。

★婚約、結婚

プロポーズ	proposal
婚約	engagement
婚約指輪	engagement ring
結婚	marriage

★エンタメ

映画	movie
音楽	music
コンサート	concert
プログラム	program

Chapter 9

1 年の行事、出来事、
記念日

❶ 新年

A: Happy New Year!
明けましておめでとう！

B: Yay! **Ring in the new!** ❶
やった！ ようこそ新年！

A: **I'll drink to that!** ❷　Cheers!
そうだね、乾杯しよう！ 乾杯！

B: Let's make it a great year!
すばらしい年にしようね！

A: Yeah, let's make it the best ever!
うん、これまでで最高の年にしようよ！

Words & Phrases

☐ New Year 「新年」

☐ Yay! 「わーい：やったー」

☐ Cheers! 「乾杯！」

☐ Let's make it ... 「それを…にしよう」

よく使う定番フレーズ

❶ Ring in the new! 「新年を迎えたね！」

＊かつて新年を迎える深夜0時にベルを鳴らしたりして喜ぶ習慣があったため、そこから「新年を迎える」という意味ができた。

これも使える	**Out with the old!**	「古きに別れを告げるときだね！」
	Let's make it a great one!	「いい年にしよう！」

❷ I'll drink to that! 「そうだね、乾杯しよう！」

＊何かに同意して、それに関して祝杯を挙げようと伝える表現。乾杯せずに同意するだけの場面でも使える。

これも使える	**Hear, hear!**	「その通りだね！：まったくだね！」
	Amen to that!	「まったくだね！：まさにね！」
	That calls for a drink!	「お酒が必要だね！」

＊ call for ... 「…を必要とする」

知っておくと便利なフレーズ　　★カウントダウン、乾杯

● **The countdown has started!**
「カウントダウンが始まったよ！」

● **Make sure your glass is full!**
「しっかりグラスを満杯にしてね！」

❷ バレンタインデー

A: **A little something for you. ❶** 〔hands her a necklace〕
君にちょっとした物をね。〔彼女にネックレスを手渡す〕

B: Oh my god! It's beautiful!
うわー！ きれい！

A: Now I'll take you out for a fabulous dinner!
さて、君をすばらしいディナーに連れて行くね！

B: **You're spoiling me! ❷**
あなた、私をダメにしちゃうわ！

A: Hey, it's only once a year. And you're worth it!
あのさ、年に一度だけのことだから。それに君にはその価値が
あるよ！

B: I love you!
愛してる！

Words & Phrases

☐ take out for ...　　「…に連れて行く」

☐ fabulous　　　　　「すばらしい」

☐ spoil　　　　　　　「甘やかしてダメにする」

☐ be worth it　　　　「その価値がある」

よく使う定番フレーズ

❶ A little something for you.「君にちょっとした物をね」

＊ギフトを贈るときの謙遜した言い方。よく恋人に向かって使う。

これも使える		
I got you something.	「渡したいものがあるんだ」
I picked this out for you.	「君にこれを選んだんだ」
I hope you like it.	「気に入ってくれるといいんだけど」

❷ You're spoiling me!「あなた、私をダメにしちゃうわ！」

＊恋人の優しさに対して感謝の気持ちを表したいときに使うひとこと。

これも使える		
You treat me too good!	「私に優しくしすぎよ！」
＊ treat「もてなす：歓待する」	
Be careful not to spoil me!	「私を甘やかしすぎないでね！」

知っておくと便利なフレーズ　　★恋人同士の会話

● **Give me a smooch!**「チューして！」

＊ smooch「キス」、kiss と同じ。

● **Let's snuggle!**「ギュッてして！；ギュッてしよう！」

＊ snuggle「抱きしめる」

● **The night is ours!**「夜は僕らのものだね！」

❸ 花見

A: We picked the right day!
私たち、いい日を選んだわね！

B: We sure did! The blossoms are in full bloom.
確かにね！ 花が満開だね。

A: Let's find a nice place to sit down and eat lunch.
腰を下ろしてお昼ご飯を食べるのにいい場所を探しましょう。

B: **I know just the place! ❶**
ちょうどいい場所を知っているよ！

A: Great! **Lead the way! ❷**
すごい！ 案内して！

B: You'll love it! Follow me.
気に入ると思うよ！ ついて来て。

Words & Phrases

☐ pick 「選ぶ」

☐ We sure did! 「確かに！」 ＊強い肯定の返事。

☐ blossom 「（木の）花」

☐ in full bloom 「満開で；真っ盛りで」

よく使う定番フレーズ

❶ I know just the place! 「ちょうどいい場所を知っているよ！」

＊自分の知っている場所を強く勧めるときに使う言い方。

これも
使える

I know just the spot! 「ちょうどいいスポットを知ってるよ！」

I know the perfect place! 「完璧な場所を知ってるよ！」

I know just what to do! 「どうすればいいか知ってるよ！」

❷ Lead the way! 「案内して！；指導して！」

＊誰かのお勧めや誰かの知識などを信じて従ったり、ついて行くときに使うひとこと。

これも
使える

Show me! 「教えて！」

I'm in your hands! 「あなたに任せるわ！」

＊ be in someone's hands 「…の世話になる；管理下に入る」

知っておくと便利なフレーズ　　★花見の場所で

● This looks like a good spot. 「ここは良さそうな場所だね」

● Who's ready for snacks? 「つまみを食べたい人は？」

● Yay! We beat the crowds!

「やった！ 早く来たから、まだ混雑してないよ！」

＊ beat the crowds 「早く行って、混雑を避ける」

3
花
見

❹ 母の日の電話

Track 106

A: Hi mom! Happy Mother's Day!
もしもし母さん！ 母の日おめでとう！

B: Hi, honey! Thank you for the flowers!
ああ、ハニー！ お花をありがとうね！

A: Oh, they got there on time? **That's a relief!** ❶
あら、予定通りに着いたのね？ ほっとしたわ！

B: They came this morning. And they're beautiful.
今朝、届いたわよ。で、すごくきれいだわ。

A: **Glad you like them.** ❷   Sorry I can't be there in person.
気に入ってくれてうれしいわ。直接そっちに行けなくてごめんね。

B: That's all right, dear.
大丈夫よ。

Words & Phrases

☐ Mother's Day 「母の日」

☐ honey/dear 「お前；あなた」＊子供、夫、妻などへの呼びかけ。

☐ on time 「時間通りに」

☐ in person 「直に；個人的に」

よく使う定番フレーズ

❶ **That's a relief!** 「ほっとしたわ！」

＊ relief は「安堵」。望んでいたように物事が進んで安心したときに使う。

> これも
> 使える
>
> **What a relief!** 「安心したわ！」
>
> **That's a load off my mind!** 「すごく安心したわ！」
>
> ＊ load は「負荷；重荷」。「心の重しが取れた」＝「安心した」と伝える表現。

❷ **Glad you like them/it.** 「気に入ってくれてうれしいわ」

＊プレゼントを相手が気に入ってくれたときの返事。

> これも
> 使える
>
> **I hoped you would like it.** 「気に入ってくれると願ってたの」
>
> **I thought you'd like them.** 「気に入ってくれると思ってた」
>
> **I picked them out special for you.** 「特別にあなた用に選んだの」

知っておくと便利なフレーズ　★母の日に

● **This is your day!** 「今日は母さんの日ね！」

　＊ Happy Mother's Day! と同じ意味合いで使う。

● **You're the best mom!** 「あなたは最高のお母さんよ！」

　＊子供から母親に感謝を伝えるひとこと。

4

母の日の電話

241

❺ 帰省

A: Do you have any plans when you get back home?
帰省中の予定は何かあるの？

B: Yeah. I'll go camping with my family.
うん。家族とキャンプに行くんだ。

A: Wow, that sounds fun!
へえ、それは楽しそうね！

B: **It's a family tradition. ❶**　My dad's crazy about camping.
家族の習慣なんだよ。父さんがキャンプ大好き人間なのさ。

A: Ha ha. How about you?
ハハ。あなたはどうなの？

B: Me too. **I wouldn't miss it! ❷**
僕もさ。キャンプは絶対に逃さないよ！

Words & Phrases

☐ ... sounds fun 「…は楽しそうだ」

☐ tradition 「慣習；伝統；習わし」

☐ be crazy about ... 「…に夢中だ」

☐ How about ...? 「…はどうなの？」

☐ miss 「逃す；し損なう；欠席する」

よく使う定番フレーズ

❶ **It's a family tradition.**「家族の習慣なんだよ」

＊ family tradition は「その家族が昔から習慣にしていること」。

| これも
使える | **It's a family custom.** 「家族の習慣になってるんだ」
It's something we do every year.「それは毎年やることなんだよ」 |

❷ **I wouldn't miss it!**「僕は絶対に逃さないよ！」

＊近づいているイベントへの熱心な気持ちが伝わるひとこと。

| これも
使える | **I wouldn't miss it for the world!** 「何があっても逃さないよ！」
I wouldn't think of skipping it!
　　　　　　　　　　「行かないことなんて、考えもしないよ！」
There's no way I'd skip it! 「スキップするなんて、あり得ないよ！」 |

知っておくと便利なフレーズ　★帰省の話題

● **Are you heading back home?**「帰省するの？」

＊ head back home「帰省する」

● **I miss my folks.**「家族に会いたいなあ」

＊ miss ...「…がいなくて寂しい」 folks「家族」

● **I'll hang out with my friends and family.**「友人や家族とのんびりするよ」

＊ hang out with ...「…とぶらぶらして時間を過ごす」

❻ 紅葉

A: These colors are amazing!
この紅葉、すばらしいわね！

B: Yeah, it's like they were Photoshopped.
うん、フォトショップを使ったみたいだね。

A: Haha! **Nice one!** ❶
ハハ！ うまい！

B: Do you think they're at their peak?
今が一番の見頃だと思うかい？

A: Probably. We chose the right day to come.
たぶんね。いい日を選んで来たよね。

B: **We're in luck!** ❷
僕ら、ツイてるよね！

Words & Phrases

☐ amazing 「すばらしい」

☐ It's like ... 「…みたいだ」

☐ be Photoshopped 「フォトショップで加工された」

☐ peak 「最盛期；絶頂」

よく使う定番フレーズ

❶ **Nice one!** 「うまい！」

＊誰かがおもしろいジョークを言ったときに返すひとこと。

| これも使える | **Good one!** 「いいね！」 |
| | **That's a good one!** 「それ、うまいよ！」 |

❷ **We're in luck!** 「僕ら、ツイてるね！」

＊何か幸運なことが起こった場面で使うひとこと。

これも使える	**We got lucky!** 「運がいいね！」
	Lucky for us! 「ラッキーだね！」
	Our luck was in! 「ツキが巡ってきたね！」

知っておくと便利なフレーズ　　★紅葉の季節

● **This is the best time of year!** 「今が1年で最高の時期だね！」

● **That view was worth the climb!** 「あの景色は登った甲斐があったね！」

● **The air is really nippy.** 「空気がすごく冷たいね」

＊ nippy「身を切るような寒さの」

❼ ハロウィン

Track 109

A: Are you going to dress up for Halloween?
ハロウィンには仮装するのかい？

B: **You bet!** ❶ I dress up every year.
もちろん！ 私は毎年、仮装してるの。

A: Have you already planned your costume?
もう衣装は計画してるの？

B: I'm thinking of being a zombie bunny girl.
ゾンビのバニーガールになろうと思ってるの。

A: That will get you noticed!
それ、注目されるよ！

B: **That's the idea!** ❷
そうそう！

246

Words & Phrases

□ dress up 「仮装する」

□ costume 「仮装：扮装：衣装」

□ zombie 「ゾンビ」

□ get someone noticed 「…が人の目を引くようにする」

□ notice 「注目する」

よく使う定番フレーズ

❶ You bet! 「もちろん！」

＊「もちろん！：そうだ！」と強く返事をするひとこと。

| これも
使える | **You know it!** | 「わかってるでしょ！」 |
| | **Sure am!** | 「もちろん！」 |

❷ That's the idea! 「そうそう！：それそれ！」

＊相手の言葉や行動が「そうだ！：その通りだ！」と強く認める表現。

これも 使える	**That's the plan!**	「それが計画よ！」
	That's what I'm hoping.	「それを狙ってるの」
	I'm counting on that!	「それを当て込んでるの！」

知っておくと便利なフレーズ　★ハロウィンの仮装

● **Great costume!** 「すごい仮装だね！」

● **Trick or treat!** 「お菓子をくれなきゃ、いたずらしちゃうぞ！」

● **Oooh! You look creepy!** 「うわっ！ 君、薄気味悪い！」

＊ creepy「薄気味悪い：身の毛がよだつ」

❽ クリスマス

A: Merry Christmas!
メリークリスマス！

B: Merry Christmas! My favorite day of the year!
メリークリスマス！１年で私の一番のお気に入りの日よ！

A: Me too. **It brings out the kid in me! ❶**
僕もさ。童心に戻っちゃうんだよね！

B: **I can't quite put my finger on it ❷**, but it's magical.
なぜかわからないけど、不思議だよね。

A: Yeah, I know what you mean. So, shall we get a coffee?
うん、わかる。じゃあ、コーヒーでも飲まない？

B: Absolutely!
もちろん！

Words & Phrases

☐ kid 「子供」

☐ magical 「不思議な；神秘的な」

☐ I know what you mean. 「わかる」

　　　　＊相手の話に理解を示すフレーズ。

よく使う定番フレーズ

❶ **It brings out the kid in me!**「童心に戻っちゃうんだよね！」

＊直訳は「それが自分の中の子供を引き出す」。お祝いの日やテーマパークなど、心が子供の頃に戻ってしまうようなイベントや場所でよく使う。

> これも使える
> **I feel like a kid again!**　　　　「子供に戻った気分だ！」
> **It takes me back to my youth.**「若い頃に引き戻されちゃうんだ」

❷ **I can't quite put my finger on it.**「なぜそうなのか、わからない」

＊直訳すると「はっきりとそれを指さすことはできない」となる。原因が定かでないと伝えるときに使うひとこと。

> これも使える
> **I don't know why, exactly.**　　　「はっきり理由はわからない」
> **I don't know what it is, exactly.**「はっきり何だかはわからない」
> **It's hard to describe.**　　　　　　「説明が難しい」

知っておくと便利なフレーズ　　★クリスマス、サンタの話題

● **Happy Holidays!**「祝日おめでとう！；良い祝日をね！」

＊ Merry Christmas! の代わりに使われるフレーズ。

● **What did Santa bring you?**「サンタは何を持って来てくれたの？」

＊大人に向かって使う冗談ぽいひとこと。

● **Have you been good this year?**「今年はいい子にしてたかい？」

＊ユーモア溢れる表現。いい子にだけサンタがプレゼントをくれることから。

8

クリスマス

Track 111

A: I was admitted into my top choice school!
第一志望の学校に受かったわ！

B: **You earned it!❶** I saw how hard you worked.
よくやったね！ 君がすごくがんばってたのを見てたから。

A: **It feels like a dream!❷** I need to let it sink in.
夢を見てるみたい！ まだ実感が湧かないわ。

B: What will you do to celebrate?
お祝いには何をするの？

A: My parents are going to take me out for dinner.
両親がディナーに連れて行ってくれることになってるの。

Words & Phrases

□ admit	「（入学などを）認める」
□ top choice school	「第一志望校」
□ sink in	「（状況などが）理解される：実感される」
□ celebrate	「祝う：祝福する」

よく使う定番フレーズ

❶ You earned it!「よくやったね！：努力の賜物だね！」

＊誰かが何かに成功したときに、相手の努力を称えながら祝福する表現。

> これも使える
>
> **You deserve it!**　　　　　　　「君にはその価値があるよ！」
> ＊ deserve ...「…に値する」
> **You deserve every bit of it!**
> 「まったくもって君にはその価値がある！」

❷ It feels like a dream!「夢を見てるみたい！」

＊何か望んでいたすばらしいことが起こったときによく使うひとこと。

> これも使える
>
> **I feel like I'm dreaming!**　「夢を見ているみたいな気分！」
> **I can hardly believe it!**　　「信じられないわ！」
> **It hardly seems real!**　　　「現実とは思えないわ！」

知っておくと便利なフレーズ　　★合格を喜ぶ

● **All that hard work paid off!**「がんばりが報われたね！」

＊ pay off「成果を上げる；報われる」

● **You're on your way!**「さらに、ここからだね！」

＊「（現在）すばらしい状況で、さらに前途も有望だね！」と伝えるひとこと。

● **I made it! / You made it!**「やった！／やったね！」

⑩ 卒業

A: Congratulations! You did it!
おめでとう！ やったね！

B: Thanks so much!
どうもありがとう！

A: I guess you're ready to take on the world now, huh?
たぶん君はもう世界と闘う準備ができてるんだよね！

B: **As ready as I'll ever be. ❶**　Anyway, I'm excited.
やるだけのことはやったわ。とにかく、ワクワクしているの。

A: Of course! A new chapter of life begins for you!
それはそうだ！ 君の人生の新しい章の幕開けだもんね！

B: **I'm psyched! ❷**
興奮してるわ！

Words & Phrases

□ take on　　　　「挑戦する：闘う」

□ be excited　　「興奮して：ワクワクして」

□ chapter　　　「（小説などの）章」

よく使う定番フレーズ

❶ As ready as I'll ever be. 「やるだけのことはやったわ」

> ＊努力を謙遜するひとこと。直訳は「これから先と同じくらい準備ができている」。「これ以上はできないほど準備した」あるいは「やるだけのことはやった」というニュアンス。

> | これも
使える | **Ready or not!**　　「準備ができてても、そうでなくてもね！」 |
> | | **I guess I've got no choice!**　　「選択の余地はないかな！」 |

❷ I'm psyched! 「興奮してるわ！」

> ＊これからやってくる状況に対する熱意を表すひとこと。psyched は「興奮して：気合いが入って」。

> | これも
使える | **I'm excited!**　　　「興奮してる！」 |
> | | **I'm pumped up!**　「やる気満々よ！」 |
> | | **I'm eager!**　　　「望むところよ！」 |

10

卒業

知っておくと便利なフレーズ　　★卒業する人に

● **How does it feel?** 「どんな気分？」

● **Has it sunk in yet?** 「まだ実感が湧かない？」

● **What's next?** 「次は何をやるの？」

> ＊人生でひと段落ついた人に向かって、今後の進路をたずねるひとこと。

⑪ 採用

A: Have you lined up a job?
就職先は決まったの？

B: Almost. I'm still doing some interviews.
だいたいね。まだいくつか面接をしているけど。

A: What industry are you focusing on?
どの業界に絞り込んでいるの？

B: **None in particular. ❶** I just want to use my
science background.
特にどこにも絞ってないわ。自分の科学の経歴を活かしたいだけなの。

A: Nice. **It's good to keep an open mind. ❷**
いいね。偏見なく考えることはいいことだよね。

B: That's how I feel.
そうだよね。

Words & Phrases

- ☐ line up a job 「就職先を決める」
- ☐ industry 「産業；業界」
- ☐ focus on ... 「…に焦点を絞る」
- ☐ background 「経歴」

よく使う定番フレーズ

❶ None in particular. 「特にどこにも」

＊ここでは「選択肢として絞り込んでいる業界は特にひとつもない」と返事をしている。

これも 使える	Nothing in particular.	「特に何も」
	Nothing special.	「特には」
	Nothing stands out.	「目立っては何も」

❷ It's good to keep an open mind.

「偏見なく考えることはいいことだよね」

＊ open mind は「偏見のない心；広い心」。ここでは、いろいろな選択肢を探ろうとする気持ちが表れている。

これも
使える

It's good to stay open-minded.
「心を開いておくのはいいことだよ」

It's good to keep your options open.
「選択肢をフリーにしておくのはいいことだよ」

知っておくと便利なフレーズ　★励ます

- **Don't give up on your dreams!** 「夢を諦めないで！」

- **Go get 'em! / Go show 'em!** 「がんばって！」

＊直訳は「行ってゲットしてこい！」。何かを始めたり、挑戦したりする人を激励するひとこと。

255

⑫　誕生日

Track 114

A: Happy Birthday!
　誕生日おめでとう！

B: Thanks, mom! Wow, the cake looks great!
　ありがとう、ママ！ うわあ、ケーキおいしそう！

A: **You are growing up so fast!** ❶
　大きくなるのは早いものね！

B: You always say that!
　ママは、いつもそればかり言ってるわ！

A: Well, it's true! Come on now, **make a wish!** ❷
　まあ、ホントのことだもの！ ほらほら、願い事をして！

B: Okay ...
　わかったわ…

256

Words & Phrases

☐ grow 「成長する」

☐ Come on now. 「さあさあ；ほらほら」

☐ wish 「願い事；望み」

よく使う定番フレーズ

❶ **You are growing up so fast!** 「大きくなるのは早いものね！」

＊子供に対してよく使われるフレーズ。誕生日以外にも、両親はもちろん、その子供を知っている人がよく使う。

| これも
使える | **You're almost as tall as me!**
「もうほとんど私と同じ背の高さね！」
I can't believe how fast you're growing!
「あなたの成長の早さは信じられないわ！」 |

❷ **Make a wish!** 「願い事をして！」

＊ケーキのロウソクを消す前に願い事をする。願い事は人に明かしてはならない。

| これも
使える | **Blow out the candles!** 「ロウソクを吹き消して！」
Don't forget to make a wish! 「願い事をするのを忘れないで！」
Don't forget to wish for something!
「何かお願いするのを忘れないで！」 |

知っておくと便利なフレーズ　★祝ってくれた人に

● **You remembered!** 「覚えてくれてたんだ！」

＊記念日などを相手が覚えていてくれていたときに使う。

● **You shouldn't have!** 「そんなことしてくれなくてもよかったのに！」

＊相手の親切に遠慮深く感謝する表現。

● **Age is just a number!** 「年齢なんて、ただの数字だよ！」

＊「年齢はただの数字だから関係ないよ。私たちはまだ若いよ！」というニュアンス。

⑬ 結婚記念日

A: Ten years!
　10年だね！

B: I know! **It's mind-blowing!** ❶
　うん！ 驚きだよね！

A: We were such babies, weren't we?
　僕ら、ガキんちょだったよねえ？

B: We were. But we knew a good thing when we saw it.
　そうね。でも、いいものを見分ける目はもってたわ。

A: **That's how I look at it.** ❷　And the next ten will be even better!
　僕もそう思うな。で、次の10年はもっと良くなるよ！

Words & Phrases

☐ blow 「爆破する；破壊する」

☐ baby 「ガキ；子供」

☐ when we saw it 「見ればすぐに」

よく使う定番フレーズ

❶ It's mind-blowing! 「驚きだよね！」

＊ mind-blowing は「頭を吹っ飛ばすような」。「何かがとても驚きだ」と伝えるフレーズ。

これも 使える	**It blows my mind!** 「ビックリだよ！」 **I can hardly believe it!** 「ホント信じられないよ！」 **How is it even possible?** 「どうしてこんなことがあり得さえするんだろう？」

❷ That's how I look at it. 「僕もそう思うな」

＊「それは僕の物の見方だ」が直訳。how I look at it は「人生や仕事などに関する自分の見方；考え方」。

これも 使える	**That's how I see it.** 「僕の見方もそうだ」 **That's my take (on it).** 「それは僕の受け取り方と同じだ」

13 結婚記念日

知っておくと便利なフレーズ　★夫婦で祝う

● **Happy Anniversary!** 「記念日おめでとう！」

＊ anniversary「記念日」

● **I'm so glad I found you!** 「君と出会えて幸せだよ！」

＊ find「見つける」

● **Best years of my life!** 「人生でいちばんの時期だったなぁ！」

＊過去のある時点から現在までがすばらしい時期だったと述べる表現。

単語9 1年の行事、出来事、記念日

★主な祝祭日、イベントなど

元旦	New Year's Day
母の日	Mother's Day
父の日	Father's Day
独立記念日	Independence Day　※7月4日
ハロウィン	Halloween
クリスマスイヴ	Christmas Eve
クリスマスの日	Christmas Day
大晦日	New Year's Eve
お祭り	festival
誕生日	birthday
入学式	entrance ceremony
卒業式	graduation ceremony
休暇	holiday

★四季の気候

暖かい	warm
暑い	hot
涼しい	cool
寒い	cold
雨降りの	rainy
雪の降る	snowy
梅雨	rainy season

●著者紹介●

長尾 和夫（ながお　かずお）

福岡県出身。南雲堂出版、アスク講談社、NOVA などで、大学英語教科書や語学系書籍・CD-ROM・Web サイトなどの編集・制作・執筆に携わる。2005年より語学書籍の出版プロデュース・執筆・編集・翻訳などを行うアルファ・プラス・カフェ（www.alphapluscafe.com）を主宰。

『365 日の日常英会話フレーズブック』（明日香出版社）、『英語で話す力』、『英語で書く力』、『英語で読む力』、『英語で聞く力』、『英語で考える力』、『絶対「英語の耳」になる！』シリーズ全 15 点（三修社）、『日常生活英語のトリセツ』（アスク出版）、『見たもの全部を英語で言うトレーニングブック』（秀和システム）、『朝起きてから寝るまで英文法』（アルク）、『英語で自分をアピールできますか？』（角川グループパブリッシング）、『ビジネスデータを説明するための英語表現』（DHC）、『聞き取ってパッと話せるとっさの英会話トレーニング』（高橋書店）ほか、著訳書・編書は 250 点を超える。

アンディ・バーガー
（Andy Boerger）

米国出身。オハイオ州立大学で BFA を取得。横浜国立大学講師。サイマルアカデミー CTC（Simul Academy Corporate Training Center）、アルク、タイムライフなどでの英会話講師経験を活かし、A+Café（アルファ・プラス・カフェ）の主要メンバーとして、多岐にわたる語学書籍の執筆に活躍中。

『365 日の日常英会話フレーズブック』（明日香出版社）、『英語で話す力』、『絶対「英語の耳」になる！リスニング 50 のルール』（三修社）、『聴こえる！話せる！ネイティヴ英語発音の法則』、『英語表現見たまま練習帳』（DHC）、『英文メールととにかく 100 語で書いてみる』（すばる舎）、『英語で返事ができますか？』（角川グループパブリッシング）、『ビジネスパワー英語入門 243』（PHP 研究所）など、多くの著書がある。

本書の内容に関するお問い合わせは弊社 HP からお願いいたします。

音声ダウンロード付き　朝起きてから夜寝るまでの日常生活英会話

2021 年　8 月 30 日　初版発行

著　者　長尾和夫
　　　　アンディ・バーガー

発行者　石野栄一

明日香出版社

〒112-0005 東京都文京区水道 2-11-5
電話（03）5395-7650（代　表）
　　（03）5395-7654（FAX）
郵便振替 00150-6-183481
https://www.asuka-g.co.jp

■スタッフ■　編集部　田中裕也／久松圭祐／藤田知子／藤本さやか／朝倉優梨奈／
　　　　　　　　　　　竹中初音／畠山由梨／竹内博香
　　　　　　　営業部　渡辺久夫／奥本達哉／横尾一樹／関山美保子

印刷　株式会社フクイン
製本　根本製本株式会社
ISBN978-4-7569-2167-3 C2082

365 日の日常英会話フレーズブック

長尾和夫　アンディ・バーガー

1 月 1 日から 12 月 31 日まで 1 年間の日常生活を通して、身近な英語表現を学べます。1 日 1 ページずつ、「ダイアローグ」「今日のフレーズ」「Words&Phrases」を学習しながら、ネイティブがよく使う会話表現が身につきます。音声ダウンロード付き。

本体価格 1900 円＋税　B6 並製〈408 ページ〉2020/12 発行　978-4-7569-2124-6

英語が話せる！聞こえる！
音をまねするトレーニング

川本佐奈恵

384 のセンテンスを「音まね」して会話のトレーニングができます。1 日 5 分、まずは 3 ヶ月間、練習しましょう。「文字で読んだら簡単なのに、話せない」状況から抜け出し、「話す・聞く」に自信がつきます。

本体価格 1600 円＋税　B6 変型〈236 ページ〉2015/12 発行　978-4-7569-1810-9

イギリス英語フレーズブック

ジュミック今井

イギリスへ旅行したり、留学・転勤などでイギリスで生活する人たちが日常の様々なシーンで使える会話表現集。色々な場で使える会話フレーズ（2900）を場面別・状況別に収録。CD 3 枚付き（日本語→英語収録）

本体価格 2700 円＋税　B6 変型〈392 ページ〉2018/01 発行　978-4-7569-1948-9

フォニックス＜発音＞
トレーニング BOOK

ジュミック今井

英語のスペルには発音する際のルールがあります。母音の読み方、子音の読み方、文中に母音と子音があるときなど、いくつかのルールがあり、その中でも知っておくべきルールを丁寧に説明していきます。

本体価格 1500 円＋税　A5 並製　〈252 ページ〉　2005/02 発行　4-7569-0844-6

ドリル式フォニックス
＜発音＞練習 BOOK

ジュミック今井

『フォニックス＜発音＞トレーニング BOOK』のドリル編。フォニックスの発音を徹底的にトレーニング。中学レベルの英単語を盛り込むので、単語のおさらいにもなります。これでネイティブの発音になれる！

本体価格 1600 円＋税　A5 並製　〈272 ページ〉　2009/09 発行　978-4-7569-1328-9

＜フォニックス＞できれいな英語の
発音がおもしろいほど身につく本

ジュミック今井

フォニックスの基本ルールを学んだあと、英語でよく使う 60 のフレーズについて「フォニックス分解」を行い、フレーズの中でどのルールが使われているのかを確認しながら練習。リズムに乗せて発音を練習しましょう。

本体価格 1800 円＋税　A5 並製　〈304 ページ〉　2012/07 発行　978-4-7569-1563-4

たったの 72 パターンで こんなに話せる中国語会話

趙 怡華

「～はどう?」「～だといいね」など、決まった基本パターンを使い回せば、中国語で言いたいことが言えるようになります! 好評既刊の『72パターン』シリーズの基本文型をいかして、いろいろな会話表現が学べます。

本体価格 1800 円＋税　B6 変型　〈216 ページ〉　2011/03 発行　978-4-7569-1448-4

たったの 72 パターンで こんなに話せる韓国語会話

李 明姫

日常会話でよく使われる基本的なパターン(文型)を使い回せば、韓国語で言いたいことが言えるようになります! まず基本パターン(文型)を理解し、あとは単語を入れ替えれば、いろいろな表現を使えるようになります。

本体価格 1800 円＋税　B6 変型　〈216 ページ〉　2011/05 発行　978-4-7569-1461-3

たったの 72 パターンで こんなに話せる台湾語会話

趙 怡華

「～したいです」「～をください」など、決まったパターンを使いまわせば、台湾語は誰でも必ず話せるようになる! これでもうフレーズ丸暗記の必要ナシ。言いたいことが何でも言えるようになります。

本体価格 1800 円＋税　B6 変型　〈224 ページ〉　2015/09 発行　978-4-7569-1794-2